Steine und Mineralien

Steine und Mineralien

Gesteine, Fossilien, Edelsteine

Ravensburger Buchverlag

Inhalt

Gesteine 6

Mineralien 26

Wissenswertes für Sammler 40

Wegweiser zum Wissen

„Steine und Mineralien" ist anders als alle Sachbücher, die du bisher gehabt hast. Du kannst vorne anfangen und dich zunächst mit dem Planeten Erde und seinen Gesteinen befassen. Wenn du zum Ende des Buches kommst, findest du alles über das Sammeln von Gesteinen und Mineralien. Du kannst aber auch „quer einsteigen": Wenn Mineralien dich besonders interessieren, fang an mit „Die Welt der Mineralien" und lies von dort aus weiter. Die besonderen Rubriken führen dich zu vielerlei Arten von Wissen. „Insidestory" berichtet von großen Entdeckungen und den Leuten, die sie gemacht haben. Die Rubrik „SEI AKTIV" fordert dich heraus, kreativ zu werden. Verfolge die Herkunft fremder Wörter im „Wörterbuch" oder überrasch deine Freunde mit faszinierenden Fakten aus der Rubrik „Schon gewusst?". Jedes Mal, wenn du das Buch aufschlägst, kannst du einen anderen Ansatz finden – wir helfen dir dabei.

INSIDESTORY

Meilensteine

Folge dem Forscher John Wesley Powell auf seinem Weg durch die sensationellen Canyons im Südwesten der USA. Geh mit dem Geologen Harrison Schmitt Mondgestein sammeln. Lies den Bericht des Fotografen Brad Lewis über sein Leben mit einem Vulkan vor dem Haus. INSIDESTORY berichtet von großen Wissenschaftlern und Meilensteinen in der Geschichte der Geologie. Stell dir vor, du bist dabei und erlebst, wie etwas geschieht, das die Welt verändert

SEI AKTIV!

Mach es selbst!

Quetsch einen Zuckerwürfel und beobachte, wie er im Dunkeln glüht. Schieb Knetmasse zu Gebirgsketten auf. Erzeuge seismische Wellen in einer Wasserschale. Lass Kristalle in einem Glas wachsen. Bau einen Schaukasten für deine geologischen Handstücke. Lerne Mineralien nach Dichte, Farbe und Härte zu unterscheiden. SEI AKTIV gibt Anregungen zu Modellversuchen und Unternehmungen – jeweils zu dem auf der entsprechenden Seite behandelten Thema.

WÖRTERBUCH

Was für ein komisches Wort! Was bedeutet es? Woher kommt es? Das alles erfährst du in **WÖRTERBUCH.**

SCHON GEWUSST?

Beeindruckende Fakten, überraschende Rekorde, faszinierende Zahlen – für dich zusammengestellt in **SCHON GEWUSST?**

WEGWEISER

Im Kästchen **WEGWEISER** wirst du zu anderen Themen geführt, die mit dem, was du gerade liest, in Zusammenhang stehen.

Auf die Plätze!
Fertig! Los!

Gesteine

Unsere Erde ist eine gigantische, aus mehreren Gesteinen zusammengesetzte Kugel. Die Gesteine wiederum bestehen aus Mineralien, festen, in der Natur vorkommenden Stoffen. Du bemerkst es wahrscheinlich nicht, aber Gesteine verändern sich ohne Unterlass. Heißes, flüssiges Gestein – von den hohen Temperaturen im Erdkern hochgedrückt – steigt zur Oberfläche auf, wo es abkühlt und härtet. Eis, Wind und Wasser bringen die Oberflächengesteine zum Bröckeln. Gesteine sinken unter die Kruste und schmelzen erneut. Dieser Kreislauf, der sich seit Jahrmilliarden vollzieht, bringt drei Arten von Gesteinen hervor: magmatische, sedimentäre und metamorphe.

Seite **8**
Überall gibt es Gesteine, Mineralien und Gegenstände aus Gesteinen und Mineralien. Lies nach bei **Steine ohne Ende**.

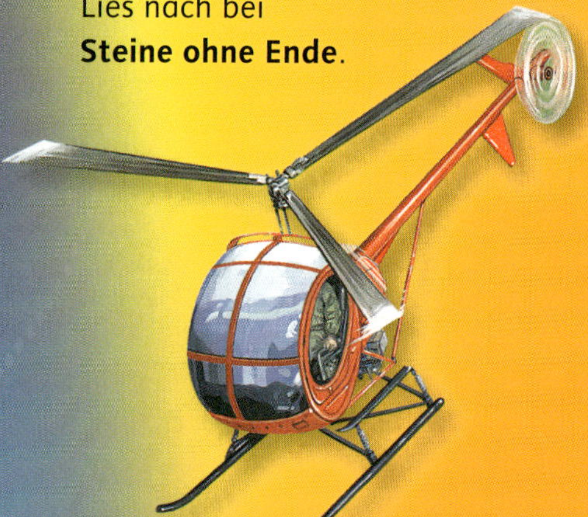

Seite **10**
Die Erde kreist um die Sonne. Wie ist sie dahin gekommen? Lies nach bei **Der Planet Erde.**

Seite **12**
Wusstest du, dass sich der Boden, auf dem du stehst, in Bewegung befindet? Lies nach bei **Ruhelose Erde**.

Seite **14**
Naturkräfte bringen erstaunliche Formen hervor. Lies nach bei **Gestein verwittert**.

Seite **16**
Gesteine sind unendlich viel älter als die Menschheit.
Lies nach bei **Der Kreislauf der Gesteine**.

Seite **18**
Gesteine wie dieses entstehen aus Lava, die aus einem Vulkan austritt.
Lies nach bei **Feuerflüsse**.

Seite **20**
Gesteinsfragmente fügen sich zu neuem Gestein zusammen.
Lies nach bei **Schicht für Schicht**.

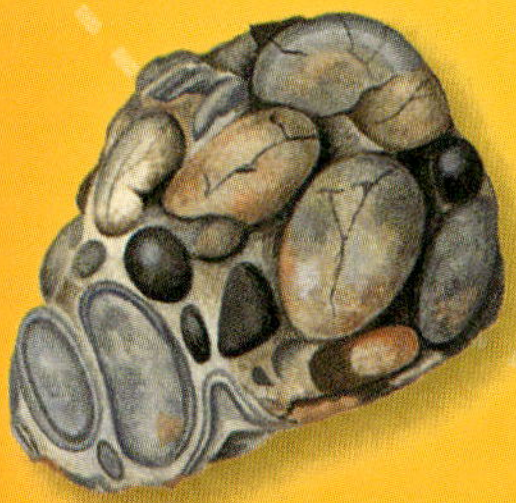

Seite **22**
Wie werden bestimmte Gesteine zu anderen Gesteinen umgewandelt?
Lies nach bei **Druckkochtöpfe der Erde**.

Seite **24**
Woher kommt dieses geheimnisvolle Gestein?
Lies nach bei **Kunstwerke der Natur**.

Glühlampen
In den meisten Glühbirnen steckt ein Draht aus Wolfram, einem Metall, das aus dem Mineral Scheelit gewonnen wird.

Spiegel
Spiegel bestehen aus Glas mit einer Metallbeschichtung aus Silber oder Aluminium. Für die Herstellung von Glas braucht man Quarzsand.

Steine ohne Ende

Die Welt um uns herum ist aus Stein geformt. Du siehst das am deutlichsten an Berggipfeln, Flussbetten, Küsten und manchen Straßen. Wir bauen ober- und unterirdisch Gesteine ab, um Häuser und Maschinen damit zu bauen und alles Mögliche daraus herzustellen, von Schmuck bis hin zu Treibstoff.

Der Boden unter der Erde besteht aus vielen verschiedenen Gesteinsarten. Riesige Felsen und zerklüftete Steinmassive türmen sich zu Bergen und Gebirgen auf. Manche Gesteine sind jung, andere Milliarden Jahre alt.
Nimm einen Stein und fühl, wie schwer und hart er ist. Genau das Richtige für den Bau von Häusern und Straßen, wie schon die frühen Völker wussten. Sie fanden auch heraus, dass bestimmte Gesteine Mineralien enthielten, z. B. Metalle, die sich ausschmelzen ließen. Die Verarbeitung von Gesteinen hat heute noch große Bedeutung. Wir gewinnen Metalle und verwenden sie für Brücken, Autos und Hochhäuser. Wir zerkleinern Gestein und legen Eisenbahntrassen an oder machen Baumaterialien daraus. Aus Gesteinen kommt auch das Öl für den Betrieb von Heizungen und Autos.
Wie sähe ein Tag ohne Gesteine und Mineralien aus? Es gäbe keine metallenen Wasserhähne und -leitungen, keine kupfernen Elektrizitätsleitungen, keine Metallbestecke zum Essen, kein Salz – ein Gesteinskristall – zum Würzen, keine Grafitminen in Bleistiften, keine Siliziumchips aus Quarzkristallen für Computer und keine Plastikflaschen aus Erdöl. Wo wären wir dann?

Die ganze Erde besteht aus Gestein. Berggipfel und Klippen an Küsten zeigen das am deutlichsten.

Moderne Hochbauten werden aus Stahl, Beton und Glas errichtet, lauter Materialien, die aus Gesteinen kommen.

SEI AKTIV!

Wer sucht, der findet

1. Nimm Block und Bleistift und sieh dich bei dir zu Hause um. Schreib alles auf, was deiner Meinung nach aus Gesteinen und Mineralien besteht. (Die Bilder oben und unten geben dir einen Tipp, wo du suchen musst.) Dann geh nach draußen. Was glaubst du, welche Gegenstände sind aus Gesteinen und Mineralien gemacht? Schreib alles auf ein anderes Blatt.
2. Heb die Listen gut auf. Wenn du dieses Buch gelesen hast, mach zwei neue Listen und vergleich sie mit den alten. Du wirst erstaunt sein, wie viel mehr Dinge aus Gesteinen und Mineralien du erkennst.

Edles Porzellan
Porzellan wird aus Kaolin hergestellt, einer Erde mit einem hohen Anteil des Tonminerals Kaolinit. Ton und Kaolin lassen sich beliebig formen.

Tafel und Kreide
Tafeln bestehen aus dunklem Schiefergestein, das sich leicht in Platten spalten lässt. Kreide ist ein weiches weißes Gestein.

WÖRTERBUCH

Die Wissenschaft von den Gesteinen nennt man **PETROLOGIE**. In „Petrologie" stecken zwei griechische Wörter: petros, der „Fels" oder „Stein", und logos, die „Kunde" oder „Wissenschaft von".

METALL geht auf das griechische metallon, das „Bergwerk", zurück.

SCHON GEWUSST?

Sogar in diesem Buch stecken Steine und Mineralien! Dem Papier ist Ton beigemischt, damit es glatt wird und damit sich die Druckfarbe besser mit den Seiten verbindet.

Aus Stein gebaute Hochhäuser gibt es schon seit fast 2000 Jahren! Ein 20-stöckiges Turmhaus im arabischen Jemen wurde um das Jahr 100 gebaut.

WEGWEISER

- Mehr über Mineralien und Kristalle findest du auf S. 28–29.
- Die Verwendung von Stein beim Bau von Häusern, Tempeln, Türmen und Brücken ist auf S. 42–43 beschrieben.
- Alles über Bergwerke: S. 48–49.
- Was Computer mit Gesteinen zu tun haben, erfährst du auf S. 50–51.

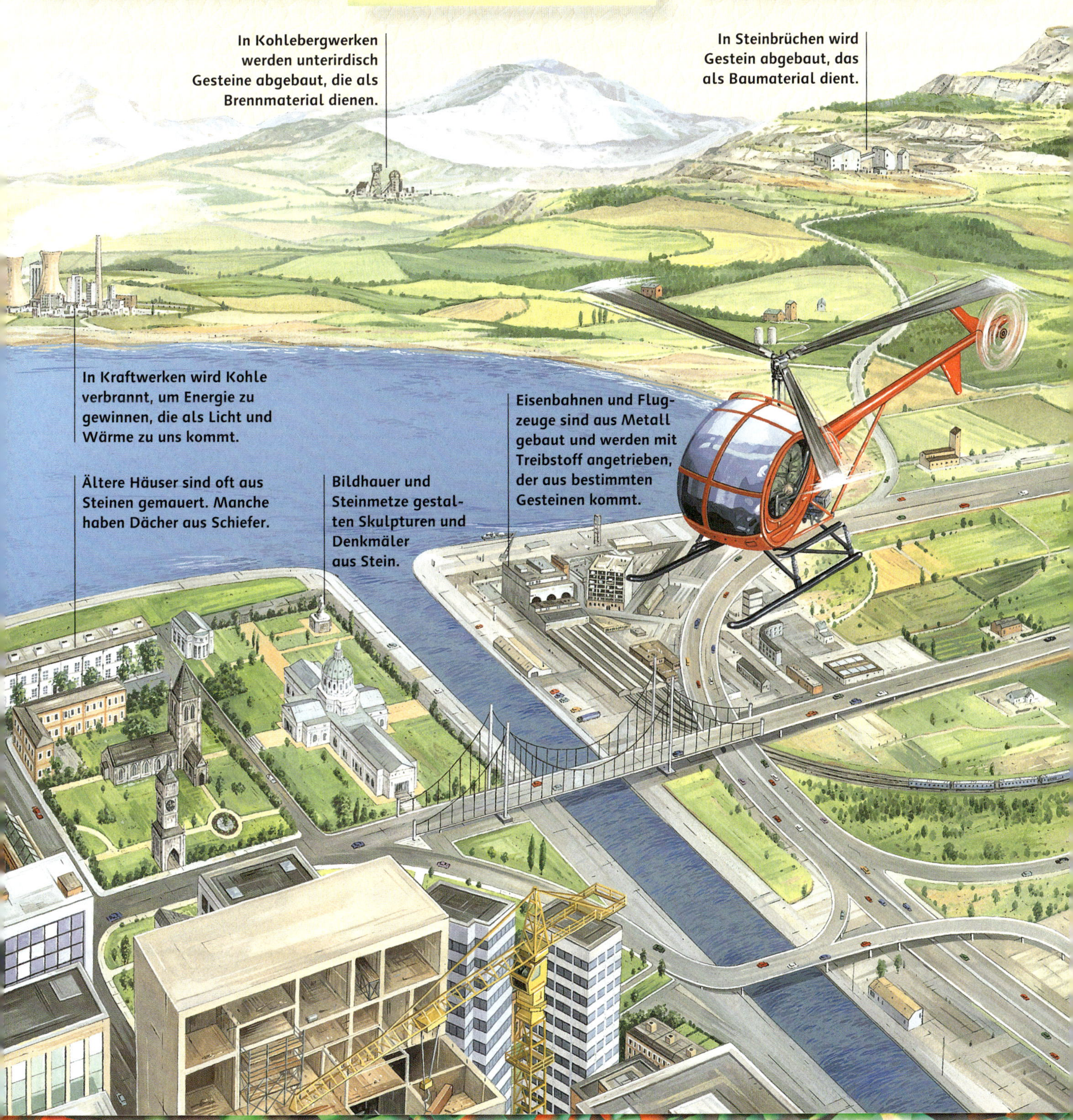

Münzen

Münzen bestehen aus Metalllegierungen oder -mischungen. Verschiedene Legierungen haben verschiedene Farben.

Töpfe und Pfannen

Zum Kochen gebrauchen wir Töpfe und Pfannen aus Eisen, Aluminium, Kupfer und anderen Metallen.

Der Planet Erde

Unser Planet ist nichts anderes als eine gewaltige Gesteinskugel in der kosmischen Gemeinschaft unseres Sonnensystems. Zusammen mit anderen Planeten, Monden, Asteroiden, Meteoroiden und Kometen kreist sie um einen riesigen Stern, die Sonne.

Die Erde und der Rest des Sonnensystems entstanden vor rund 5 Milliarden Jahren aus einer Materiewolke aus Staub, Gestein und Gas, die um die Sonne wirbelte. Steine kollidierten, ballten sich teilweise zusammen und bildeten schließlich eine Reihe von Planeten. Zu ihnen gehörte auch die Erde, auf die anfangs ständig Kometen und Asteroiden niedergingen. Die Wucht der Einschläge und zerfallende radioaktive Mineralien erzeugten eine ungeheure Hitze im Innern der Erde und auf ihrer Oberfläche.

Die Hitze veränderte die junge Erde. Die Materie im Innern schmolz und die schwersten Teile sanken in den Kern, während leichtere Teile aufstiegen und die Kruste bildeten. Dazwischen lagerte sich andere Materie in Schichten ab, die wir zwar nicht sehen, aber mit Geophonen oder Schwingungsmessern erfassen können. Wenn wir die Erde halbieren könnten, sähen wir diese Schichten angeordnet wie die Ringe auf einer Schießscheibe.

Wie eine riesige blaue Murmel sieht die Erde hinter dem benachbarten Mond aus. Er könnte vor Jahrmilliarden aus Teilen der Erde entstanden sein, die bei der Kollision mit einem kleine Planeten herauskatapultiert wurden.

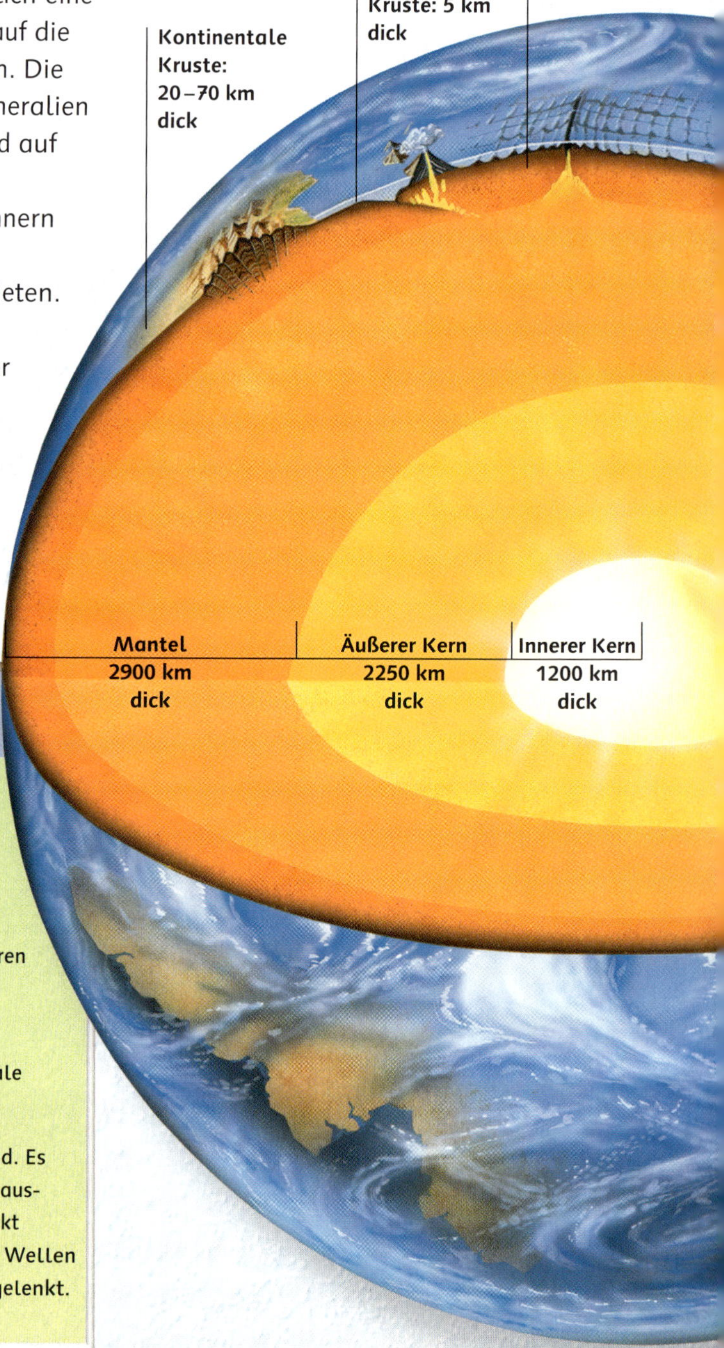

SEI AKTIV!

Seismische Wellen

Seismische Schwingungen – Erdbebenwellen oder künstlich erzeugte Erschütterungen, die die Erde durchlaufen – helfen, das Erdinnere zu erkunden. Die Seismologen messen, wie schnell und in welche Richtung sich die Wellen ausbreiten. So können sie sagen, welche Gesteinsschichten durchquert werden und wie mächtig sie sind. In diesem Experiment fungieren die Wasserwellen als seismische Wellen. Das Wasser und der Flaschenrand sind die Gesteinsschichten.

1. Gieß Wasser in eine große flache Schale und stell eine Flasche in die Mitte.
2. Tröpfel Wasser an den Schalenrand. Es entstehen Wellen, die sich rundum ausbreiten und an der Flasche abgelenkt werden. Genauso werden seismische Wellen von bestimmten Gesteinsschichten abgelenkt.

WÖRTERBUCH

GRAVITATION (lateinisch gravius = „schwer") bedeutet Schwerkraft.

Bei Erschütterungen im Erdinnern entstehen **SEISMISCHE WELLEN,** die von **SEISMOLOGEN** beobachtet werden. Beiden Wörtern liegt das griechische Wort seismos für „Erdbeben" zugrunde.

SCHON GEWUSST?

Wenn du jede Minute 30 cm tiefer graben würdest, kämst du nach 87 Jahren an der anderen Erdseite heraus. Das tiefste Bohrloch befindet sich in Ostrussland in Zapolarny. Es ist 15 km tief und doch nur ein kleiner Kratzer an der Erdoberfläche.

WEGWEISER

- Heißes Mantelgestein steigt auf, kühleres sinkt ab. So entstehen Konvektionsströme, die ihrerseits Erdbeben und Vulkane hervorbringen: Lies darüber nach auf S. 12–13.
- Verwitterung und Erosion sind die Kräfte, die die Erdoberfläche gestalten. Mehr dazu auf S. 14–15.
- Aus Meteoren werden Meteoriten, wenn sie auf der Erde aufschlagen. Siehe dazu auch S. 24–25.

INSIDESTORY

Der Mittelpunkt der Erde

Schon 1864 nahm der französische Schriftsteller Jules Verne seine Leser mit auf eine abenteuerliche Reise zum Mittelpunkt der Erde. Der Roman, der später verfilmt wurde, beschreibt eine Expedition von der einen Seite der Erde zur anderen. Die Reisenden bezwingen dunkle Gänge, unterirdische Wasserfälle, Steintürme und Magmaströme, bevor sie zurück zur Erdoberfläche kommen. Die Reise ist natürlich unmöglich, aber heute wissen wir, dass Verne eine Welt beschrieb, die es gibt, die er aber nie gesehen hat: die Welt der unterirdischen Höhlen.

Satellitenfotos geben Aufschluss über die Gesteinsoberfläche der Erde; hier ein Teil des Himalaja-Gebirges.

Der Boden, auf dem wir stehen (die Kruste) und das Gestein darunter (der obere Mantel) bilden die Schicht der Lithosphäre. Diese „schwimmt" auf der Asthenosphäre, einer Schicht teilweise geschmolzenen Gesteins am Rand einer weit mächtigeren Schicht, des Mantels. Unter dem Mantel liegen der flüssige äußere Kern und der feste innere Kern aus Eisen und Nickel.

DIE GEBURT EINES SONNENSYSTEMS

Das Sonnensystem ist unser Zuhause im All, und wie es sich für ein Haus gehört, besteht es aus verschiedenen Materialien. Aber natürlich hat kein Zimmermann es aus Balken und Nägeln gezimmert. Am Anfang waren vielmehr kosmischer Staub und Gas.

Vor etwa 5 Milliarden Jahren begann eine riesige, langsam rotierende Wolke aus Staub und heißem Gas sich zu verdichten. Je dichter sie wurde, desto schneller drehte sie sich.

Heiße Gase wurden in die Mitte gesogen und bildeten die Sonne. Kühlere Gase und Staub am Rand der Scheibe ballten sich zusammen. So entstanden riesige Gesteinsbrocken.

Nach rund 100 Millionen Jahren kreisten noch neun dieser riesengroßen Körper um die Sonne. Sie wurden zu den Planeten, die wir heute kennen.

Mount Everest, Nepal

Kljutschewskaja Sopka, Russland

Zuckerhut, Brasilien

Ruhelose Erde

Im Erdinnern liegt ein gewaltiges Kraftwerk, ein glühend heißer Kern aus Eisen und Nickel. Die Energie, die hier erzeugt wird, ruft in mehr als 2900 km Entfernung auf der Erdoberfläche heftige Ereignisse hervor. Die Wärme aus dem Kern erhitzt das darüberliegende Gestein des Mantels, in dem flüssiges Gestein aufsteigt wie Blasen in kochendem Wasser. Die kühleren Teile des Erdmantels sinken in Richtung Erdmitte, wo sie erneut erhitzt werden und aufsteigen. Dieser ständige Kreislauf verursacht die Konvektionsströme.

Kurz nach der Entstehung der Erde wurde die Lithosphäre in mehrere tektonische Platten zersprengt. Diese Platten tragen die Ozeane und Landmassen der Erde und schwimmen auf der Asthenosphäre.

Wenn geschmolzenes Gestein zwischen zwei Platten aufsteigt, driften die Platten auseinander. Irgendwann stoßen sie mit anderen Platten zusammen. Die Wirkung dieser Zusammenstöße spürt man als Erdbeben. Man sieht sie, wenn Vulkane ausbrechen. Diese heftigen Ereignisse gestalten die Oberfläche unseres Planeten unendlich langsam, aber kontinuierlich um.

1995 erschütterte ein schweres Erdbeben die japanische Stadt Kobe. Gebäude und auf Pfeilern stehende Schnellstraßen stürzten wie Kartenhäuser ein. Über 5000 Menschen starben; Zehntausende wurden obdachlos.

Konvektionsströme (rote Pfeile unten) dehnen und quetschen die Erdkruste. Wo Platten auseinanderdriften, bilden sich ozeanische Rücken und Rifttäler; wo sie zusammenstoßen, entstehen Berge, Vulkane und untermeerische Täler.

Wenn zwei Kontinentalplatten kollidieren, wird das Land aufgeschoben und gefaltet. Es entstehen Gebirge.

Wenn zwei ozeanische Platten kollidieren, bricht Magma durch die Kruste. Es entstehen die Vulkane einer Inselkette.

Wenn ozeanische Platten auseinanderdriften, steigt Magma durch den Spalt auf. Es erkaltet und bildet einen ozeanischen Rücken.

Vor 200 Millionen Jahren bildeten die Landmassen der Erde einen zusammen hängenden riesigen Kontinent, Pangäa, der von einem einzigen Ozean umgeben war.

Vor 90 Millionen Jahren zerbrach Pangäa in die heutigen Kontinente. Während diese auseinanderdrifteten, teilte sich das Weltmeer in den Atlantischen und den Pazifischen Ozean.

WANDERNDE KONTINENTE

Die Bewegungen der Platten haben Ozeane vergrößert und verkleinert. Kontinente wurden getrennt und vereint – in Millionen von Jahren.

WÖRTERBUCH

Das Wort **VULKAN** geht auf den römischen Gott des Feuers und der Schmiedekunst, Vulcanus, zurück. Der Sage nach lebte Vulcanus unter dem Ätna auf der Insel Sizilien.

PANGÄA ist der Name des Urkontinents. Pangäa ist griechisch und heißt „die ganze Erde".

SCHON GEWUSST?

Jährlich ereignen sich etwa 800 starke Erdbeben. Dazu kommen täglich vielleicht 8000 schwächere, die zum Glück keinen Schaden anrichten. Die Platten rings um den Pazifik kollidieren mit der Ozeankruste und bilden einen nahezu geschlossenen Kreis aus Vulkanen, die man den „Feuerring" nennt.

WEGWEISER

- Erkaltete Lava härtet zu verschiedenen Gesteinen aus. Mehr dazu erfährst du auf **S. 18–19**.
- Wenn die Erdkruste durch Plattenbewegungen gefaltet oder erhitzt wird, bildet sich aus altem neues Gestein. Wie das passiert, steht auf **S. 22–23**.
- Zur Erforschung und Vermessung des Meeresbodens schlag **S. 46–47** auf.

INSIDESTORY

Ein Vulkan vor der Tür

Brad Lewis in Hawaii lebt gefährlich. Er wohnt in Pahoa auf der Nordostseite des Kilauea, eines äußerst aktiven Vulkans auf der Insel Hawaii. „Gestern Nacht wälzte sich ein gigantischer Lavafluss ins Meer", sagt er. Brad ist Fotograf und machte Aufnahmen von dem Ereignis, bei dem das kalte Meereswasser das flüssige Gestein kühlte und härtete. So wurde er Zeuge der Geburt eines neuen Landes. Im Lauf der Jahre hat er gesehen, wie Küsten wuchsen und sich Buchten in Halbinseln verwandelten. Der mächtige Vulkan macht ihm immer wieder klar, dass „die Erde ihre eigenen Pläne hat".

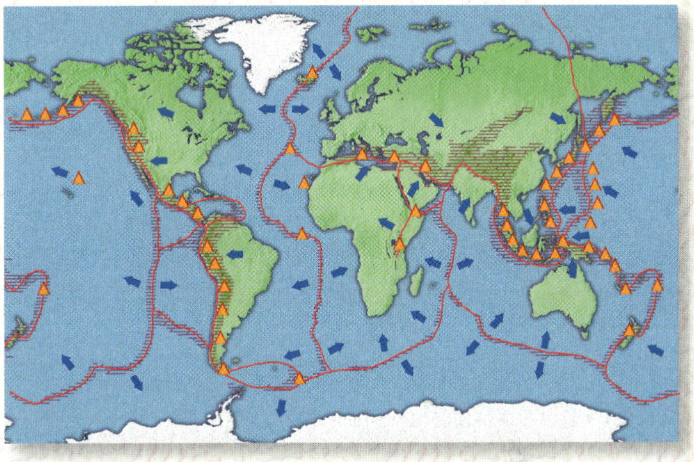

- Plattengrenzen
- Plattenbewegung
- Vulkane
- Erdbebenzonen

Die Erdkruste besteht aus einem runden Dutzend Teilen. Die Karte oben zeigt die Formen und Anordnung der Teile und die Richtungen, in die sie sich bewegen. Die meisten Erdbeben und Vulkane entstehen an den Stellen, an denen die Platten aneinanderstoßen.

Manchmal drängt Magma aus der Tiefe des Mantels mitten in einer Platte nach oben. Den so entstehenden Vulkan nennt man Hot-Spot-Vulkan.

Stoßen ozeanische und kontinentale Kruste aufeinander, taucht die dünne ozeanische Kruste in den Mantel ab. Oberhalb davon bilden sich kegelförmige Vulkane.

Wenn Platten unter einem Kontinent auseinanderdriften, stürzt die Kruste dazwischen ein. Es entsteht ein Rifttal.

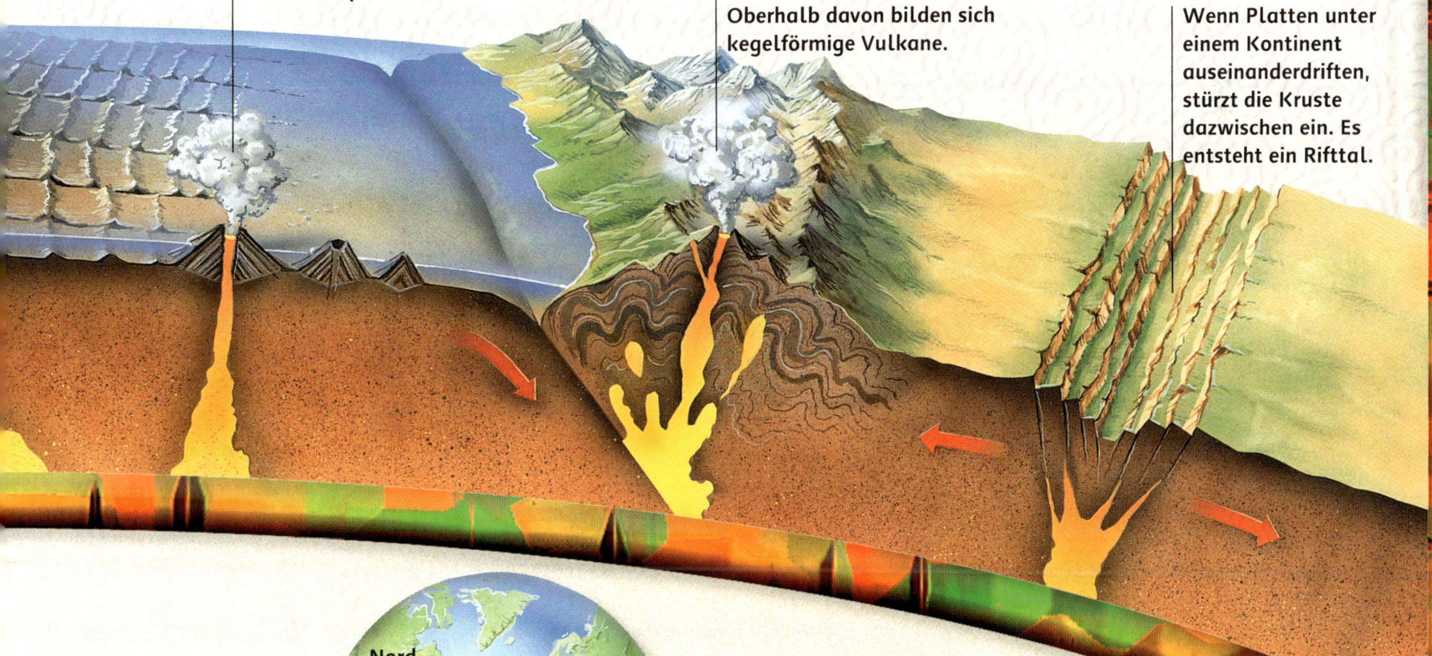

So sehen heute die Kontinente aus. Die Spreizung des Meeresbodens unter dem Atlantik treibt Nord- und Südamerika immer weiter von Europa und Afrika weg.

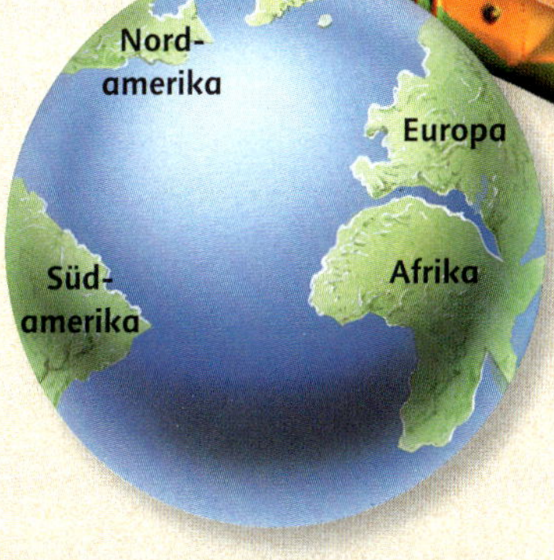

Der Atlantische Ozean dehnt sich aus. Es kommt zu weiteren Plattenkollisionen, die neue Kontinente schaffen werden.

Sandsteinbogen, USA

Tasmangletscher, Neuseeland

Felsnadeln im Nambung National Park, Australie

Gestein verwittert

Unser Planet muss Schnee, Eis, Hitze, chemische Verunreinigungen, Wind und Regen aushalten und ist einem ständigen Wechsel von Nässe und Trockenheit, Kälte und Wärme ausgesetzt.

Sonne, Wind und Kälte greifen, unterstützt durch Chemikalien im Regen und die Bewegung von Pflanzenwurzeln, das Gestein an. Es beginnt zu reißen und zu bröckeln, ein Vorgang, den man Verwitterung nennt. Dann setzt die Erosion ein: Gletscher, Flüsse und Wind tragen lose Teile davon, die unterwegs an frei liegendem Gestein schrammen und schmirgeln, und lagern sie anderswo wieder ab.

Verwitterung und Erosion gestalten das Bild der Erde und bringen Höhlen, Schluchten, Felssäulen im Meer und zerklüftete Berggipfel hervor. Wo hartes Gestein den Elementen widersteht, können bizarre Formationen wie Mesas, Steinbögen und Felsnadeln entstehen.

Aber kein Gestein hält ewig. Klippen brechen, Berge schrumpfen und Küsten weichen zurück.

Gletscher sind die Bulldozer der Natur. Die mächtigen Eisflüsse bilden sich auf Bergen, gleiten langsam nach unten und hobeln Täler aus.

Gletscher entstehen aus vielen Lagen Schnee. Sie fräsen weite, U-förmige Täler.

Wasser frisst sich durch bestimmtes Gestein und höhlt es aus.

Meereswellen höhlen Grotten aus und tragen Küsten bis auf Felssäulen ab.

Naturkräfte bringen eine unglaubliche Vielfalt von Landschaften hervor, von Berggipfeln bis zu Höhlen, von Wüsten bis zu Meeresküsten.

INSIDESTORY

Die Mammuthöhle

John Houchin hob sein Gewehr und zielte. BÄNG! Die Kugel traf den Bär ins Bein. Das Tier sprang auf und trottete verängstigt durch die Bäume davon. Houchin blieb ihm auf den Fersen, bis der Bär in einer Berghöhle verschwand. „Aha!", dachte er. „Jetzt hab ich dich." Es war im Jahr 1799, als Houchin vorsichtig die Höhle betrat und damit der erste weiße Amerikaner war, der seinen Fuß in die Mammuthöhlen (Mammoth Caves) von Kentucky, USA, setzte. Heute wissen wir, dass dies das größte Höhlensystem der Erde ist. Was aus dem Bär wurde, ist unbekannt.

Granitfelsen, England

Teufelsturm, USA

WÖRTERBUCH

In **GLETSCHER** steckt das lateinische Wort glacies für „Eis“.

MESAS sind Hochplateaus oder Tafelberge mit steil abfallenden Wänden. Das spanische Wort „mesa“ geht auf das lateinische mensa, „Tisch“ zurück. Kleine Mesas nennt man **RESTBERGE**.

SCHON GEWUSST?

Die größte Höhle der Welt – mit Platz für acht Jumbo-Jets – ist Sarawak Chamber in Borneo, Malaysia.

Die Flüsse der Erde transportieren 1260 km³ Wasser. Wenn kein Regen mehr fiele, würde der Meeresspiegel durch Verdunstung jährlich um 1 m sinken.

WEGWEISER

- Mehr über die ständige Erosion und Umwandlung von Gestein findest du auf **S. 16–17**.
- Aus Flussablagerungen kann neues Gestein entstehen. Wie, steht auf **S. 20–21**.
- Möchtest du den größten Canyon der Erde kennenlernen? Dann schlag **S. 46–47** auf.
- Zu den Auswirkungen der Erosion an Küsten siehe **S. 58–59**.

SEI AKTIV!

Reißprobe

1. Forme eine Kugel aus Knete. Feuchte sie an und umwickele sie mit Kunststofffolie.
2. Lege die Kugel über Nacht in das Tiefkühlfach des Kühlschranks. Nimm sie am nächsten Tag heraus und sieh sie dir genau an. Was siehst du?
3. In der Knete haben sich Risse gebildet. Schuld daran ist das Wasser, das sich beim Gefrieren ausdehnt und die Knete sprengt. Auf dieselbe Weise sprengt Wasser Felsen und Gestein.

Flüsse formen Canyons und Mesas und führen Steine und Schutt mit sich fort.

In Wüsten schleift windverblasener Sand Gestein ab und türmt Wanderdünen auf.

Der ständige Wechsel von Nässe, Trockenheit, Frost und Wärme hat dazu geführt, dass diese riesigen Felsbrocken in Australien barsten und Schicht für Schicht abblätterten.

Im amerikanischen Bryce Canyon haben Verwitterung und Erosion Tausende von Felsnadeln geformt.

HOODOOS

Die Felsen des Bryce Canyon in Utah, USA, entstanden vor 50 bis 60 Millionen Jahren am Grund eines ehemaligen Sees. Seitdem ist die Natur an der Arbeit und formt bizarre Steinsäulen, die Hoodoos.

Kleine Risse ziehen sich durch eine Felswand. Ablaufendes Wasser erweitert die Risse zu tiefen, schmalen Rinnen. Es sickert auch in Risse an den Seiten der Rinnen ein.

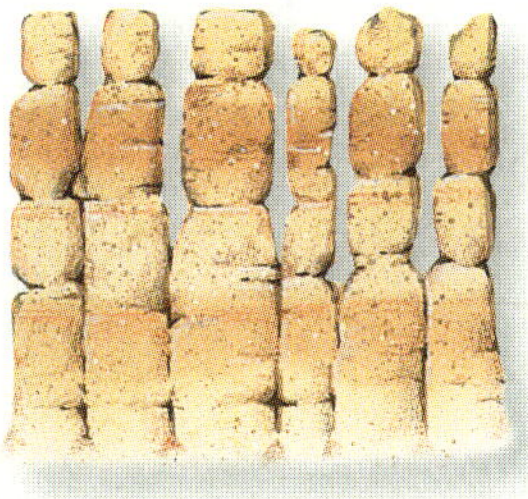

Wenn das Wasser im Winter gefriert und sich ausdehnt, weitet es die Risse. Ganz allmählich entstehen Steinsäulen. Da manche Gesteinsarten schneller erodieren als anderen, kommen bizarre Formen zustande.

Einige Säulen stürzen um oder zerfallen. Diese Felskegel werden irgendwann nicht mehr da sein. Doch in dem Canyon sind andere bereits im Entstehen.

Der Kreislauf der Gesteine

1963 schuf ein untermeerischer Vulkan bei Island die Insel Surtsey. Es dauerte nicht lange, bis Pflanzen und Tiere das neue Land eroberten.

Das Gestein um dich herum ist ständig in Bewegung. Geologische Kräfte schieben es zu Gebirgen auf, schleudern es als Schmelze in die Luft, brechen es in Stücke und versenken es in den Tiefen der Erde. Auf diese Weise wird das Innere unseres Planeten fast vollständig nach außen gekehrt. Gipfel werden zu Tälern und Meeresböden zu Gebirgen, in denen sich, wie auf dem Himalaja in Asien, Reste der ehemaligen Meeresbewohner finden.
Dieser Prozess bringt drei Hauptgesteinsarten hervor. Geschmolzenes Gestein aus dem Erdinnern (Magma) kühlt ab und erstarrt zu magmatischem Gestein. Erodiertes Gestein – ob von Wellen zertrümmert, von Eis gesprengt oder von Sand abgeschliffen – lagert sich in Schichten ab und wird zu Sedimentgestein. Mittlerweile sorgen Hitze und Druck tief im Innern der Erde dafür, dass Gestein zu metamorphem Gestein umgewandelt wird.
Erst im 20. Jahrhundert haben Wissenschaftler erkannt, wie lange dieser Prozess schon dauert – seit der Entstehung der Erde vor nahezu 5 Milliarden Jahren.

Magmatit entsteht, wenn Lava abkühlt und aushärtet.

Metamorphit entsteht durch Wärme und Druck in der Tiefe der Erde.

SEI AKTIV!

Erdgeschichte

Geologen teilen die Erdgeschichte in Zeitalter ein (siehe Zeichnung unten). Um dir die Entwicklung der Menschheit im Verhältnis zur Erdgeschichte anschaulicher zu machen, breite die Arme aus. Stell dir vor, dass deine Armspannweite dem Alter der Erde entspricht: Entstanden ist sie an der Spitze des Mittelfingers deiner rechten Hand. Das erste Zeitalter – das Präkambium oder Kryptozooikum – reicht von dort bis zu deinem linken Handgelenk (A). Am linken Handballen tauchen die ersten Pflanzen auf (B). An der Wurzel des Mittelfingers erscheinen die Dinosaurier (C), die am obersten Gelenk des Mittelfingers plötzlich wieder verschwinden (D). Die ganze Menschheitsgeschichte spielt sich auf der Mittelfingerkuppe ab (E).

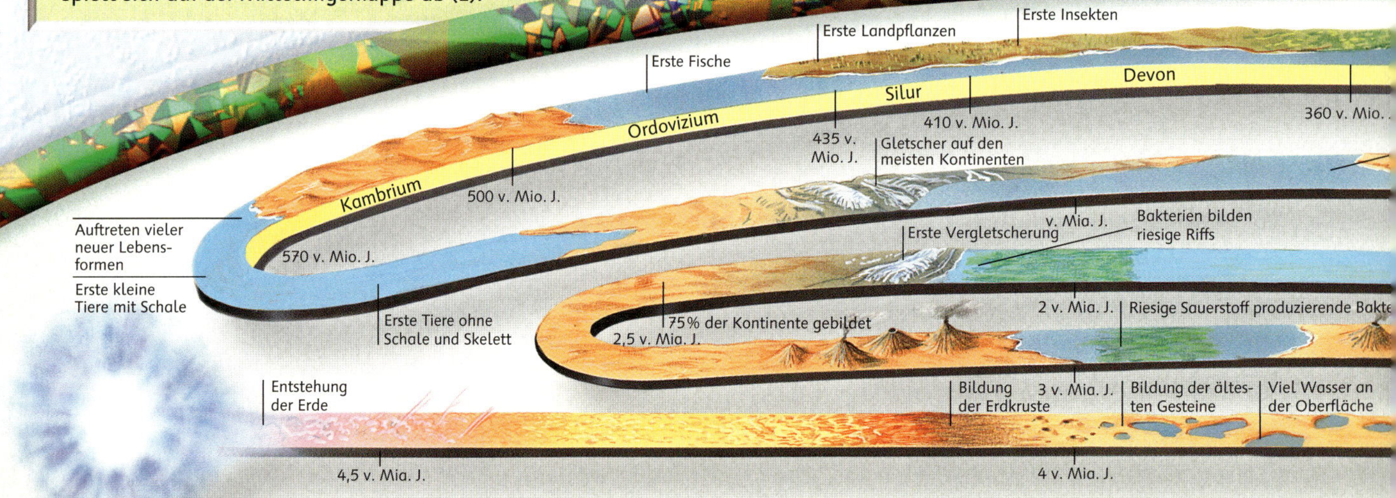

WÖRTERBUCH

Alle geologischen Zeitalter enthalten, außer dem griechischen Wort **ZOON** für „Lebewesen", ein anderes griechisches Wort. In **KRYPTOZOIKUM** steckt kryptos, „versteckt", in **PALÄOZOIKUM** palaios, „alt", in **MESOZOIKUM** mesos, „Mitte". **KÄNOZOIKUM** geht auf kainos, „neu", zurück.

SCHON GEWUSST?

Das älteste Erdgestein wurde in der kanadischen Provinz Northwest Territories gefunden. Der metamorphe Acasta-Gneis hat ein Alter von 3,96 Milliarden Jahren.

Der Vulkan Kilauea auf Hawaii, USA, spuckt 5 m^3 Lava pro Sekunde aus.

WEGWEISER

- Entdecke die Ursachen der Plattenbewegungen auf S. 12–13.
- Mehr zu der Entstehung von magmatischem, sedimentärem und metamorphem Gestein steht auf S. 18–23.
- Was Fossilien über das Alter von Gestein verraten: S. 60–61.

Alle Gesteine sind in ständiger Bewegung. Sie gelangen tief in die Erde, werden aus Vulkanen geschleudert und sammeln sich am Boden von Seen und Ozeanen. Auf ihrer Reise verändern sie auch ihr Aussehen.

INSIDESTORY

Verlagerte Gesteine

Vor 200 Jahren glaubte man noch, dass die Erde nur 6000 Jahre alt sei. Nicht so der schottische Arzt James Hutton. Nach Jahren des Studiums war ihm klar, dass sich Gesteine extrem langsam verändern. 1785 untersuchte er das Steilufer eines Flusses, dessen unteren Teil senkrechte Gesteinsschichten bildeten. Darüber lagen waagerechte Schichten aus anderen Gesteinen. Hutton folgerte, dass die unteren Schichten gekippt waren und die oberen Schichten sich darauf abgelagert hatten. Dazu waren aber nicht Tausende, sondern Millionen Jahre nötig. Inzwischen ist Huttons Annahme wissenschaftlich nachgewiesen.

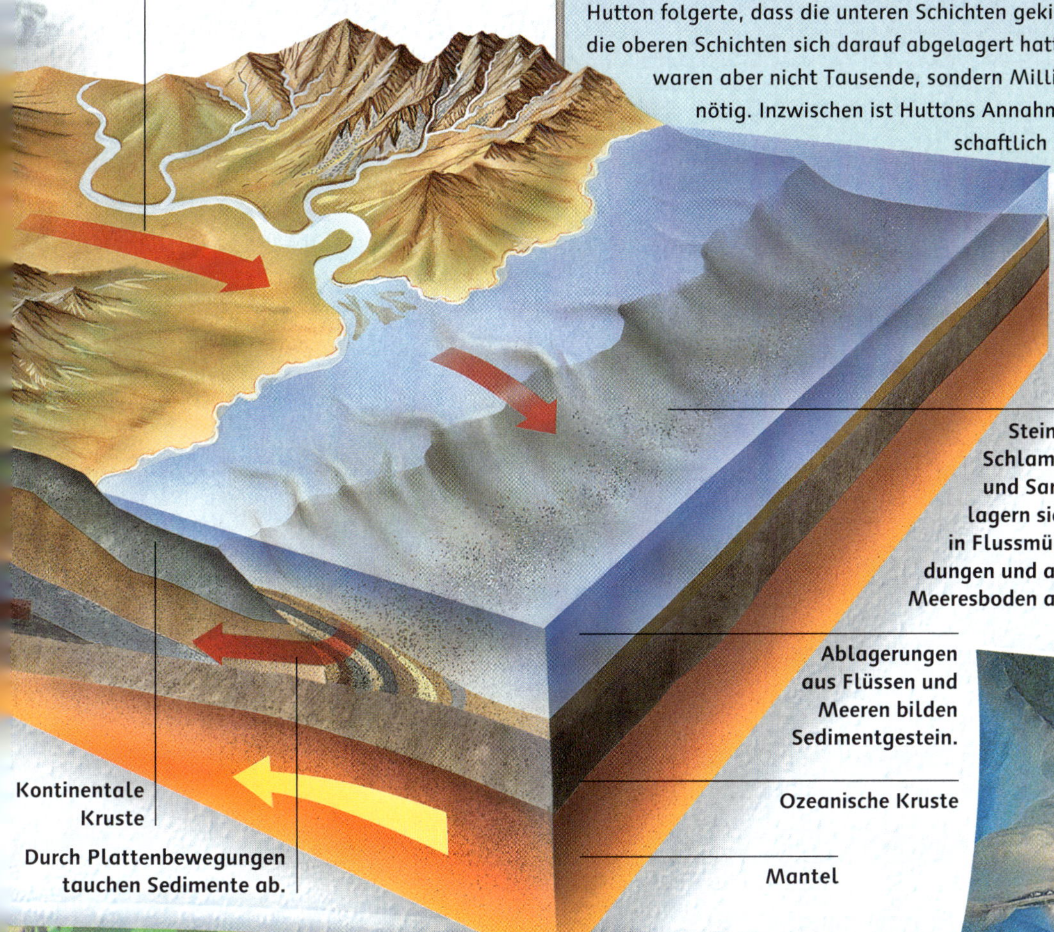

Flüsse können sich selbst den Weg ins Meer verbauen, indem sie an der Mündung Sand und Steine ablagern. Sie müssen dann neue Arme bilden. Aus dem Weltraum sieht ein Delta aus wie ein Baum. Unten das Delta des Mississippi in den USA.

ERDZEITALTER

Die Erde entstand vor rund 5 Milliarden Jahren (Mia. J.). Vor 570 Millionen Jahren (Mio. J.) breitete sich dann Leben aus, und der Mensch ist, geologisch gesehen, gerade erst erschienen. Die Erdgeschichte wird in Zeitalter unterteilt, die sich wiederum aus Perioden zusammensetzen.

- KÄNOZOIKUM
- MESOZOIKUM
- PALÄOZOIKUM
- PRÄKAMBRIUM (KRYPTOZOIKUM)

Obsidian
(Ergussgestein)

Stricklava
(Ergussgestein)

Feuerflüsse

Feuerflüsse durchdringen die Erdkruste. Sie transportieren Magma, eine rot glühende Schmelze aus Gestein und Kristallen, das aus der Tiefe aufsteigt. Wenn Magma an der Erdoberfläche austritt, nennt man es Lava. Magma und Lava erkalten zu magmatischem Gestein, aus dem der größte Teil der Erdkruste besteht. Meist ist es jedoch von Sedimenten, Meeren, Erde oder Deckgestein bedeckt.

Es gibt zwei Arten von magmatischem Gestein: Ergussgestein und Tiefengestein. Tiefengestein ist unter der Oberfläche erstarrtes Magma. Es entsteht, wenn Magmen aufsteigen, aber nicht ausfließen können und unterirdisch abkühlen. Es wird erst durch Naturkräfte wie Erosion und Auffaltung zum Vorschein gebracht. Zu den Tiefengesteinen gehört Granit, der bei der Verwitterung von Bergmassiven zutage tritt. Ergussgesteine oder Vulkanite bilden sich aus Magmen, die als Lava ausfließen und an der Erdoberfläche erstarren. Aus dem Ergussgestein Basalt ist die ozeanische Erdkruste gebildet. Da Ozeane den größten Teil der Erde bedecken, besteht auch der größte Teil der Erdkruste aus Basalt.

Tiefengestein kühlt langsam ab und bildet große, mit bloßem Auge sichtbare Kristalle. Ergussgestein kühlt schnell ab und bildet winzige, nur unter dem Mikroskop sichtbare Kristalle.

Aus dem Vulkan Kilauea auf Hawaii treten oft Ströme glutflüssiger Lava aus. Die Lava kühlt ab, verfestigt sich und bildet neues Land. So sind alle hawaiianischen Inseln entstanden.

Bei schneller Abkühlung von Lava entstehen sechseckige Säulen.

INSIDESTORY

Der Tag der Finsternis

An einem Augustnachmittag des Jahres 79 n. Chr. brach nicht weit von Neapel der Vulkan Vesuv aus. Der Schriftsteller Plinius der Jüngere, der dort lebte, und seine Mutter flüchteten aus dem Haus, während rundum Asche vom Himmel fiel. Über dem Vulkan, schrieb Plinius später, „tat sich eine schwarze, furchtbare Wolke auf und enthüllte lange, fantastische Flammen“. Es wurde dunkel. „Man hörte Frauen schreien, Kinder weinen und Männer rufen.“ Plinius und seine Mutter mussten die Asche von sich abschütteln, „sonst wären wir von ihrem Gewicht erdrückt worden“. Sie konnten entkommen, doch an jenem Tag versanken Herculaneum und Pompeji unter glühender Lava, Asche und Schlamm. Beide Städte wurden erst Jahrhunderte später wiederentdeckt. Im Vulkangestein fand man Hohlräume, die entstanden waren, als die unter der Lava begrabenen Menschen verwesten. Mit Gips ausgegossen, zeigen sie die Körperform der Toten.

Andesit
(Ergussgestein)

Gabbro
(Tiefengestein)

WÖRTERBUCH

VULKANITE ist ein anderes Wort für die aus vulkanischer Lava entstandenen Ergussgesteine.

Dünnflüssige Lava verfestigt sich zu strangartigen Gesteinswülsten. Auf Hawaii heißt dieser Typ **PAHOEHOE**-Lava. Dickflüssige Lava bildet raue, scharfkantige Gesteinsblöcke, die sogenannte **AA**-Lava.

SCHON GEWUSST?

Der größte Vulkanausbruch der Geschichte ereignete sich 1815 in Indonesien, wo der Mount Tambora 150–180 km^3 heiße Asche und Gas ausstieß. Über 50 000 Menschen starben. Die Aschewolke verdunkelte wochenlang die Sonne und verursachte Hungersnöte, die mindestens 80 000 weitere Menschen das Leben kosteten.

WEGWEISER

- Vulkane entstehen an den Rändern von tektonischen Platten. Mehr zur Plattentektonik: **S. 12–13**.
- Staukuppen treten durch Verwitterung und Erosion zutage. Diese Prozesse sind auf **S. 14–15** beschrieben.
- Ergussgesteine können große Kristalle enthalten. Schlag **S. 28–29** auf.
- Woran du Ergussgesteine erkennst, kannst du auf **S. 54–55** nachlesen.

Der 457 m hohe „Ship Rock" (Schiffsfels) in New Mexico, USA, ist alles, was von einem alten Vulkan übrig geblieben ist. Die ansässige Navajo-Bevölkerung nennt ihn Tse Bida'hi, den „geflügelten Fels".

STAUKUPPEN

Der „Ship Rock" ist eine Staukuppe. Diese gewaltigen Felsen sind magmatischen Ursprungs. Sie entstehen, wenn geschmolzenes Gestein im Schlot eines Vulkans abkühlt und erstarrt.

Bei schneller Abkühlung kann Lava brechen und schrumpfen. Manchmal bilden sich solche sechseckigen Basaltsäulen wie beim „Damm der Riesen" in Nordirland. Sie entstanden durch einen Lavafluss vor etwa 30 Millionen Jahren.

Basalt ist ein dunkles Ergussgestein aus kleinen Pyroxen- und Feldspatkristallen.

Granit ist ein hartes, helles Gestein, das in der Regel große Feldspat-, Quarz- und Glimmerkristalle enthält.

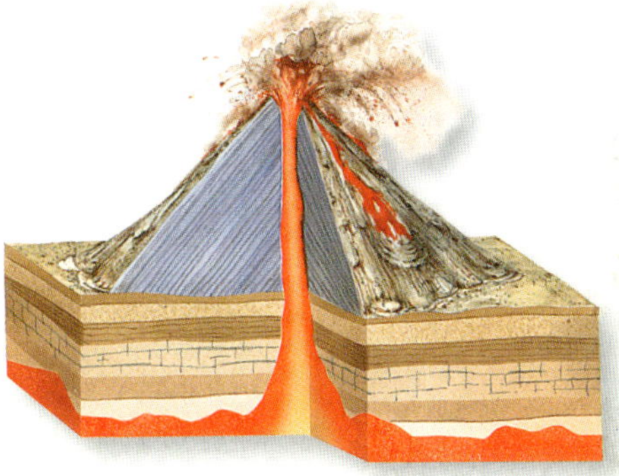

Bei einem Ausbruch treten große Mengen Asche und Lava aus dem Vulkan aus. Das Lava-Asche-Gemisch härtet zu Ergussgestein aus. So entsteht ein kegelförmiger Berg.

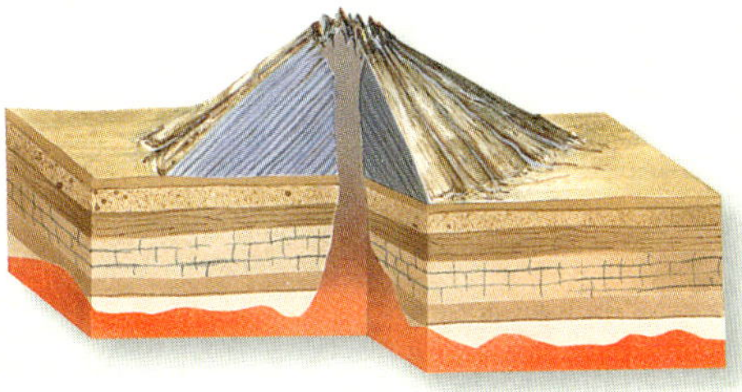

Das Magma, das bis zum Ende des Ausbruchs nicht ausgetreten ist, kühlt ab und verfestigt sich im Innern des Vulkans. Durch Verwitterung und Erosion wird der Berg von außen nach und nach abgetragen.

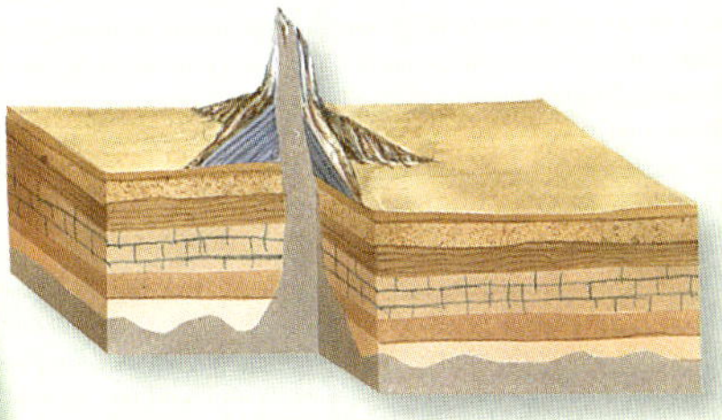

Die Erosion geht weiter, bis am Ende nur noch die widerstandsfähigere Staukuppe als letzter Rest des alten Vulkans übrig ist.

Konglomerat (Geröllsediment)

Sandstein (Sandsediment)

Chert (chemisches Sediment)

Schicht für Schicht

Oberflächengestein bröckelt, wird abgetragen und in Schichten wieder abgelagert. Die Auslöser dieses Prozesses sind Verwitterung und Erosion, die das Gestein in kleine Bruchstücke zerlegen. Wind und Wasser transportieren die Teilchen dann zu Flüssen, Seen und Meeren, wo sie sich in Schichten ablagern. In Millionen von Jahren verfestigen sich die Teilchen zu Sedimentgestein, zu dessen verbreitetsten Arten Kalkstein, Sandstein und Schiefer gehören.

Schichten aus weichem Sedimentgestein halten der Verwitterung und Erosion nicht so lange stand wie härteres Sedimentgestein. Auf diese Weise ergeben sich zum Teil ungewöhnliche Formationen. Da die Gesteinsschichten unter jeweils anderen Bedingungen entstanden, können sie Wissenschaftlern Hinweise auf die Geschichte eines geografischen Gebietes geben. So gibt es z. B. Kalkstein, der aus Muschelresten besteht. Wo heute Sandstein liegt, war früher vielleicht ein Strand, ein Fluss oder eine Wüste. In Sedimentgestein finden wir z. B. Kohle, die aus abgestorbenen Pflanzen ehemaliger Sumpfmoore entstanden ist. Oder Salz, das durch die Verdunstung von Meerwasser entsteht.

Regen und Schneeschmelze in fernen Bergen können Wüstentäler in einen See verwandeln. Wenn das Wasser verdunstet, bleibt eine Schicht aus Salzkristallen zurück, eine Salzebene. Diese liegt im „Tal des Todes" in Kalifornien, USA.

Die unteren Schichten aus dunkelrotem Ton- und Schlammstein waren vorzeitliche Marschebenen.

Die mittleren Schichten aus Sand-, Ton- und Schlammstein entstanden am Boden von Flüssen, Sümpfen und Seen.

SEI AKTIV!

Sedimente selbst gemacht

1. Such dir etwas Kies, groben und feinen Sand und ein bisschen Erde. Gib ein paar Esslöffel davon in ein Glas und füll es zur Hälfte mit Wasser. Schraub den Deckel fest auf, schüttle das Glas und sieh zu, dass alles gut vermengt ist.
2. Lass das Gemisch über Nacht stehen. Am nächsten Morgen wirst du sehen, dass sich die Materialien in Schichten abgelagert haben, wobei der feine Sand ganz oben und der Kies ganz unten liegt. Genauso entstehen Sedimentschichten unter Wasser. In Millionen Jahren würde auch dein Gemisch zu Sedimentgestein werden.

SO ENTSTEHT EIN CANYON

Wenn sich Flüsse in Felsen fressen, entstehen Canyons und Schluchten. Die Steilwände verwittern, die Täler werden breiter und manchmal bleiben Tafelberge stehen.

Sedimentgestein tritt hervor, wenn der Meeresspiegel fällt oder das Land angehoben wird. Flüsse graben sich tiefe Betten in das Gestein.

WÖRTERBUCH

SEDIMENT ist vom lateinischen sedimentum, „sitzend", und dem Verb sedere abgeleitet, was „sich senken" oder „sich setzen" heißt.

CANYONS sind steilwandige Schluchten. Canyon kommt aus dem Spanischen, wo canon ein „tief ausgewaschenes Flussbett" bezeichnet.

SCHON GEWUSST?

Die Sedimentgesteine Dolomit und Kalkstein enthalten in der Regel Gehäuseteilchen von Foraminiferen. Foraminiferen sind winzige Meerestiere. Sie sind so klein, dass eine ganze Muschel durch das Öhr einer Nähnadel passt.

WEGWEISER

- Verwitterung und Erosion sind auf **S. 14–15** beschrieben.
- In Sedimentgestein finden sich oft Fossilien. Wie Geologen sie zur Altersbestimmung nutzen, kannst du auf **S. 46–47** lesen.
- Wie Kohle entsteht und abgebaut wird, steht auf **S. 48–49**.

Dieser besondere Stein ist aus Muschelkalk. Er entstand aus den Schalen mariner Lebewesen, die auf den Grund sanken. Mit der Zeit wurden die Schalen zu festem Gestein zusammenzementiert.

INSIDESTORY

Gefährliche Geologie

In einer Klippe hoch über dem Colorado River klammert sich John Wesley Powell an den Fels. Wir schreiben das Jahr 1869. Der einarmige General und Geologe hat den Auftrag, die erste Vermessung der Canyonwände durchzuführen, und ist mit seinem Freund G.Y. Bradley aufgestiegen, um einen sicheren Weg über die Stromschnellen zu erkunden. Aber unter einem Überhang, an den er sich klammert, steckt Powell fest. Er ruft nach Hilfe. Bradley findet einen Weg auf den Überhang, kann Powell aber nicht erreichen. Da kommt ihm eine Idee. Er zieht seine Hose aus und hält sie Powell hin. Der bekommt sie tatsächlich zu fassen und wird nach oben gezogen. Ohne Bradleys Geistesgegenwart wären Powells geologische Kenntnisse vielleicht für immer verloren gegangen.

Diese Klippe im amerikanischen Bundesstaat Utah nannten frühe Siedler Riff, weil sie ihnen den Weg in den Westen wie ein Meeresriff versperrte. Der größte Teil dieser Sedimentgesteine entstand vor etwa 200 Millionen Jahren unter Flüssen und Sümpfen.

Das Deckgestein aus hartem Rotsandstein hält der Verwitterung stand. Es ist aus ehemaligen Sanddünen entstanden.

Der grünlich graue Schiefer enthält Vulkanasche.

Die Klippen von Dover in England bestehen aus Kreide, einem sehr weichen Kalkstein. Ein daumengroßes Stück Kreide enthält Tausende winziger Muschelpartikel, die etwa 70 Millionen Jahre alt sind.

Die Flüsse fressen sich immer tiefer in das Gestein und es entstehen Täler mit steilen Wänden. Weichere Gesteinsschichten unter härteren werden unterhöhlt.

Durch die Unterhöhlung brechen die oberen Schichten ein. Das Tal weitet sich und manchmal bleiben Tafelberge (Mesas) und Restberge mit ebener Oberfläche stehen.

Quarzit

Schiefer

Gebänderter Gneis

Druckkochtöpfe der Erde

Tief in der Erdkruste entstehen durch Hitze und Druck neue Gesteine, die metamorphen Gesteine. Sie können durch Druck und Faltung unter dem Gewicht der überlagernden Gesteinsmassen zustande kommen. Alle Gesteine – ob magmatisch, sedimentär oder metamorph – können unter diesen extremen Bedingungen umgewandelt werden.

Man könnte denken, dass Druck und Hitze ein Gestein schwächen. Aber das Gegenteil ist der Fall, ähnlich wie bei einem Schneeball, der umso härter wird, je fester du ihn zusammendrückst. Das Gleiche passiert mit Gesteinen. Aus Kalkstein, der winzige Poren hat, wird durch Druck der körnigere, stärker verfestigte Marmor. Und splittriger Tonschiefer verwandelt sich in festeren Kristallschiefer, aus dem die Tafeln in deiner Schule sind.

Frei liegendes metamorphes Gestein bietet uns einen Einblick in die Welt unter der Erdkruste. Während Wind, Wetter und andere Naturkräfte weicheres Gestein allmählich abtragen, hält festeres metamorphes Gestein ihnen länger Stand und tritt in Form von Bergketten aus „gebackenem", verformtem Gestein aus der Erdkruste hervor.

Marmor kommt in vielen Farben vor, abhängig von den in ihm enthaltenen Mineralien.

In diesem Berg in Kalifornien liegt dunkles metamorphes auf hellem magmatischem Gestein auf. Das magmatische Gestein war ursprünglich eine gewaltige Magmablase. Die von ihr ausstrahlende Wärme wandelte das aufliegende sedimentäre in metamorphes Gestein um.

Als das Magma abkülte, entstand dieses gewaltige Massiv aus magmatischem Granit.

Sedimentgestein wurde durch die Wärme des Magmas zu metamorphem Gestein.

SEI AKTIV!

So entsteht eine Faltung

1. Besorg dir Knetmasse in vier Farben. Roll sie zu langen, glatten Rechtecken aus und leg die Rechtecke aufeinander. Stell dir vor, dass die Knetschichten einen Gesteinsblock darstellen.
2. Schieb die Knetmasse von den Seiten her vorsichtig zusammen. Du wirst sehen, dass die Masse sich wellt und in Falten legt. Etwas Ähnliches geschieht in der Erdkruste bei der Kollision von tektonischen Platten. Die Kruste wird zu Gebirgen aufgefaltet. Wenn der Druck stark genug ist, wird das Gestein unter den Bergen umgewandelt. Dieser Vorgang heißt Regionalmetamorphose.

REGIONALMETAMORPHOSE

Regionalmetamorphose beginnt, wenn entgegengesetzte Plattenbewegungen eine große Landmasse unter Druck setzen.

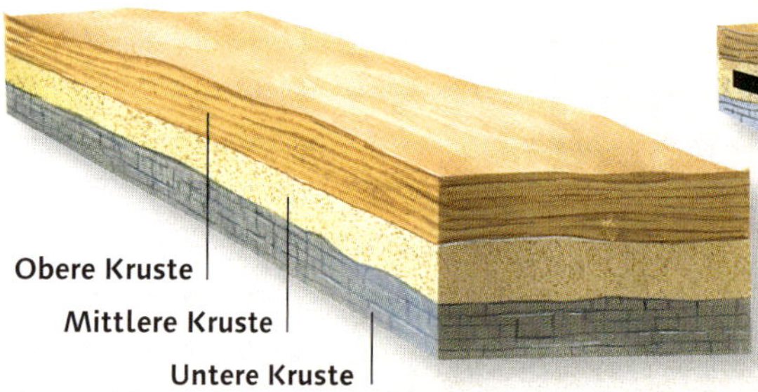

Das Gestein wird aufgefaltet und bricht. Je nach Wärme und Druck entstehen neue metamorphe Gesteine.

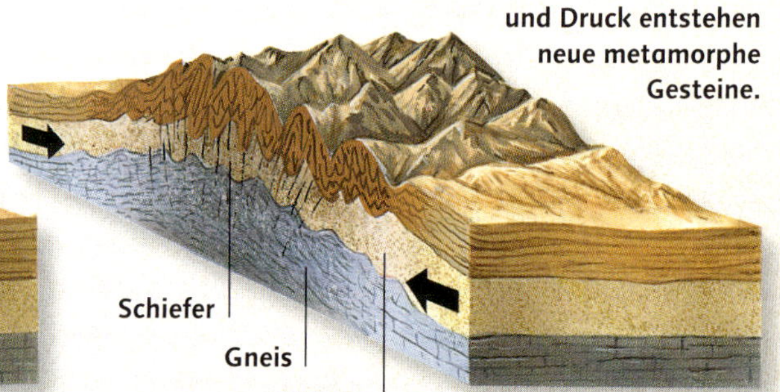

WÖRTERBUCH

METAMORPH und **METAMORPHOSE** enthalten die griechischen Wörter meta für „verändert“ und morphe für „Form, Gestalt“.

GNEIS ist von dem altnordischen Wort gneista abgeleitet, das so viel wie „funkensprühend“ bedeutet.

SCHON GEWUSST?

Je nach Temperatur und Druck können aus demselben Gestein verschiedene metamorphe Gesteine entstehen. Schieferton z. B. kann zu Tonschiefer (Temperatur/Druck: mäßig), Schiefer (Temperatur/Druck: hoch) oder Gneis (Temperatur/Druck: sehr hoch) werden.

WEGWEISER

- Die Auffaltung der Erdkruste durch kollidierende Platten ist auf **S. 12–13** beschrieben.
- In metamorphem Gestein können Edelsteine lagern: **S. 34–35**.
- Wie du metamorphes Gestein bestimmst, steht auf **S. 54–55**.

Das ganz aus weißem Marmor errichtete Taj Mahal im indischen Agra ließ der Mogulkaiser Shah Jahan zwischen 1632 und 1654 als Grabmonument für seine geliebte Frau Mumtaz bauen.

INSIDESTORY

Hier ist der Beweis

Der Geologe Sir James Hall griff nach seinem Gewehr. Er hatte etwas vor. Seinem Freund James Hutton zufolge konnte durch hohen Druck und Wärme aus kalkhaltigen Gesteinen Marmor entstehen. Andere Wissenschaftler lachten über Huttons Idee. Hall nicht. Um sie zu beweisen, füllte er pulverisierte Kreide in den Lauf, verstopfte das Ende und hielt das Gewehr über Feuer. Und siehe da: Nach dem Abkühlen kam eine steinharte Masse heraus, die wie Marmor aussah. Hutton hatte Recht! Zwischen 1798 und 1805 führte Hall 500 weitere Versuche durch, um letzte Zweifler zu überzeugen. Heute ist beider Idee anerkannt.

Das Gestein dieser Steilwand war einmal Schieferton, aus dem unter extremem Druck ein neues Gestein, Tonschiefer, wurde.

KONTAKTMETAMORPHOSE

Durch aufsteigendes Magma kommt es zur Kontaktmetamorphose. Die Magmakammer kann riesengroß oder sehr klein sein.

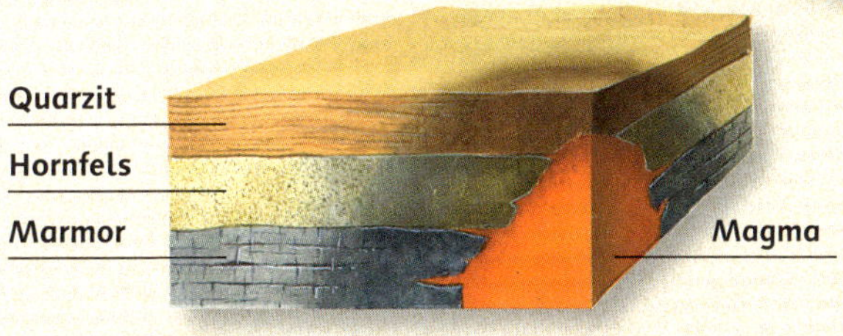

Das Magma erhitzt das umliegende Gestein. Je nach angrenzender Gesteinsart entstehen unterschiedliche metamorphe Gesteine.

Hantelförmiger Mikrometeorit

Pyrit-Sanddollar

Tuff

Kunstwerke der Natur

Meteore kommen aus dem Weltraum. Du kennst sie vielleicht als Sternschnuppen, aber es sind keine Sterne, sondern schwarze, schwere Gesteinsbrocken. Dass sie am Nachthimmel leuchten, liegt an der Reibung beim Durchfliegen der Atmosphäre.
Riesige Krater auf der Erde zeigen an, wo große Meteore – als Meteoroiten – aufgeschlagen sind. Zum Glück verglühen die meisten in der Atmosphäre.
Nicht nur das All, auch die Erde bringt allerlei besonderes Gestein hervor, etwa den Sandstein Itakolumit, den du mit bloßen Händen biegen kannst. Itacolumit enthält nämlich biegsame Mineralien, die im Innern des Gesteins miteinander verbunden sind. Häufig kommt auch ein magmatisches Gestein vor, das so leicht ist, dass es im Wasser schwimmt. Dieses Gestein heißt Tuff.
Wegen ihres Aussehens sind Pseudo- oder Scheinfossilien besonders interessant. Sie wirken wie fossile Reste vorgeschichtlicher Pflanzen oder Tiere und werden auch oft damit verwechselt, die aber, wie die Wüstenrosen, aus Gips bestehen.

Im kalifornischen „Tal des Todes" findet man neben Spuren Steinbrocken, die aussehen, als ob sie durch den Sand gerollt wären. Man nimmt an, dass die Steine von Eisschollen transportiert werden, die sich im Winter bilden, wenn Wasser den See füllt. Das driftende Eis schleift die Steine über den Boden des Sees.

Geoden (oder Drusen) sind rundliche Steine mit Kristallen in der Mitte. Von außen sehen sie nach nichts Besonderem aus. Aber wenn du eine Geode aufbrichst, kannst du ein Wunder erleben.

Blumen aus Stein: Es gibt sie wirklich. Diese Gipsrosen „wachsen" in Wüsten, wenn kalk- und schwefelhaltiges Grundwasser verdunstet. Der zurückbleibende Gips bildet Kristalle, die Sandkörner überziehen und sie zu rosenähnlichen Gebilden verbinden.

VERSTECKTE WUNDER
Geoden bilden sich in Hohlräumen in magmatischem oder sedimentärem Gestein und treten durch Erosion oder Verwitterung zutage.

Bei der Entstehung von Sediment- oder magmatischem Gestein bilden sich Hohlräume durch Gasblasen. Mineralhaltiges Wasser sickert in die Hohlräume.

WÖRTERBUCH

METEORE sind Gesteinsbrocken, die durch Reibung in der Atmosphäre leuchten. Wenn sie auf der Erde aufschlagen, heißen sie **METEORITEN**.

SCHON GEWUSST?

Bis zu 100 000 t Gesteinsbrocken dringen jährlich in die Erdatmosphäre ein.

Der größte Meteorit der Welt liegt auf dem Gebiet der Hoba-Farm bei Grootfontein in Namibia im südlichen Afrika. Er wiegt 59 t und ist 2,70 mal 2,40 m groß und 90 cm hoch.

WEGWEISER

- Ebenso faszinierend wie die Welt der Gesteine ist die der Mineralien mit all ihren Besonderheiten: S. 38–39.
- Begleite den ersten Weltraum-Geologen auf dem Flug zum Mond: S. 46.
- Kristalle wachsen in allen Gesteinen, nicht nur in Geoden. Alles über ihre Bestimmung findest du auf S. 54–55.

Pseudofossilien sind eigenwillig geformte Steine, die wie die Überreste ehemaliger Lebensformen aussehen. Sie können Pflanzen, Tieren und sogar Menschen ähneln.

INSIDESTORY

Reich auf einen Streich

Am 9. Oktober 1992 hörte Michelle Knapp, die in ihrem Haus in Peekskill, New York, saß, ein lautes Krachen. „Es hörte sich an, als wären drei Autos zusammengestoßen", sagte sie später. Sie lief nach draußen und fand ihren Wagen mit einem riesigen Loch im Heck. Unter der Karosserie lag ein Stein von der Größe einer kleinen Wassermelone, der nach faulen Eiern roch – ein Meteorit. Michelles Familie hatte Glück im Unglück. Sammler zahlten 69 000 $ für den Stein und ersetzten sogar das Auto, das gerade noch 300 $ wert war, durch ein funkelnagelneues für 10 000 $.

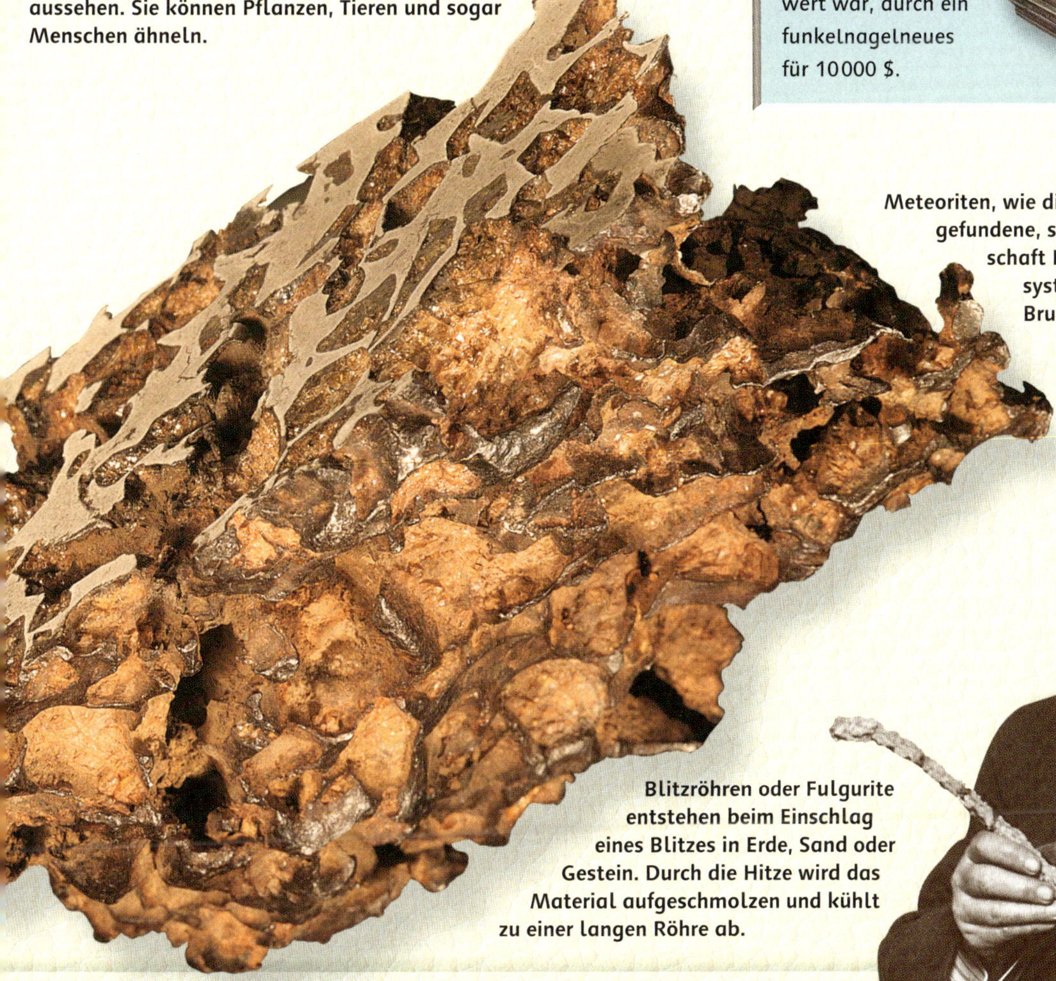

Meteoriten, wie dieser in der chilenischen Atacama-Wüste gefundene, sind echte Außerirdische, die der Wissenschaft Hinweise auf die Geschichte des Sonnensystems geben. Meist handelt es sich um Bruchstücke von Asteroiden oder Planeten.

Blitzröhren oder Fulgurite entstehen beim Einschlag eines Blitzes in Erde, Sand oder Gestein. Durch die Hitze wird das Material aufgeschmolzen und kühlt zu einer langen Röhre ab.

Aus dem mineralhaltigen Wasser lagern sich kleine farbige Kristalle in ringförmigen Schichten an den Wänden des Hohlraums an.

Wenn der Hohlraum nicht ganz mit Wasser gefüllt ist, bleibt ein Loch in der Mitte, in dem manchmal Quarzkristalle wachsen.

Mineralien

Sieh dir einen Stein genau an. Vielleicht erkennst du, dass er aus winzigen Anteilen eines oder mehrerer Materialien besteht – den Mineralien. Mineralien sind die Bausteine der Gesteine, feste chemische Substanzen, die in der Erde entstehen (und auf anderen Planeten). Es gibt Tausende von Mineralien, und zwar in allen Farben, Formen und Größen. Zu ihnen gehören sowohl Metalle, wie Gold und Silber, als auch kostbare Edelsteine, wie die Diamanten. Mineralien können Kristalle bilden, regelmäßige feste Körper mit ebenen Flächen. Oft wachsen Kristalle verschiedener Mineralien zusammen und bilden Gesteine. Wenn Mineralien viel Platz zum Wachsen haben, bringen sie große und wunderschöne Kristalle hervor.

Seite **28**

In welcher Gestalt kommen Kristalle vor? Kannst du einen Kristall an der Farbe erkennen? Lies nach bei **Mineralien**.

Seite **30**

Einige Mineralien enthalten Metalle. Weißt du, welches Metall in diesen Steinen steckt? Wie gewinnen wir Metalle aus Mineralien? Lies nach bei **Bodenschätze**.

Seite **32**

Gold, Silber, und Platin sind sogenannte Edelmetalle. Welches der Metalle ist das wertvollste? Wo könntest du einen so großen Goldklumpen wie diesen finden? Lies nach bei **Edelmetalle**.

Seite 34

Was ist härter als alles andere auf der Erde? Wie entsteht es und wo würdest du es suchen?

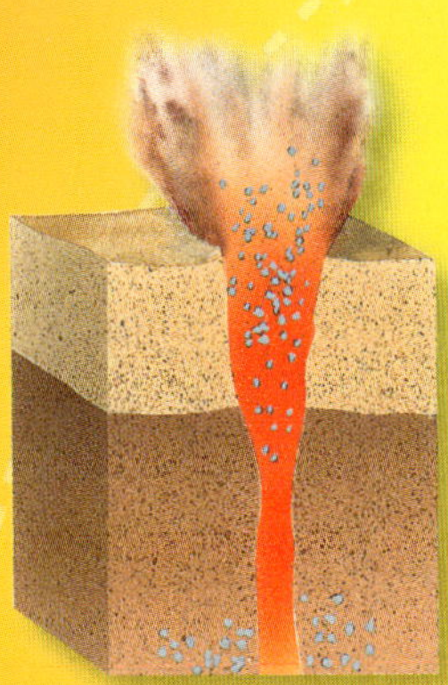

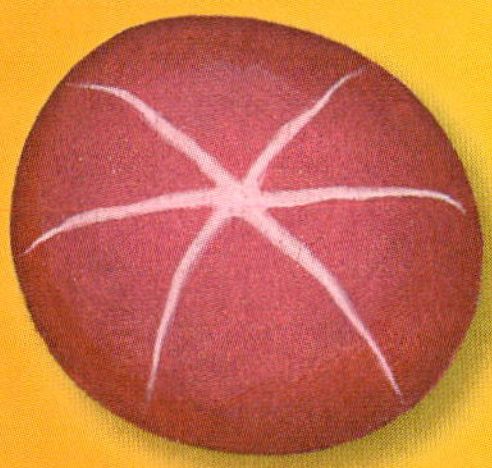

Die wertvollsten Mineralien sind die Edelsteine. Was macht sie so kostbar? Lies nach bei **Seltene Kostbarkeiten**.

Seite 36

Aus diesem blaugrünen Stein werden seit Jahrtausenden Schmuckstücke und Objekte angefertigt. Wie heißt er? Organische Mineralien sind pflanzlichen oder tierischen Ursprungs. Welche Tiere produzieren Perlen? Lies nach bei **Farben und Formen**.

Seite 38

1666 fielen diese Steine vom Himmel auf die italienische Stadt Neapel. Was waren sie und woher kamen sie? Bringt dieser Stein dir Glück? Lies nach bei **Magische Mineralien**.

Kupfer – Habitus: baumartig

Labradorit – Habitus: massig

Granat – Habitus: gleichseitig

Mineralien

Mineralien sind natürliche Bestandteile der Erdkruste. Sie bestehen aus chemischen Grundstoffen, den Elementen.
99 Prozent aller Mineralien auf der Erde sind aus acht Elementen gebildet: Sauerstoff, Silicium, Aluminium, Eisen, Magnesium, Calcium, Kalium und Natrium. Mineralien aus nur einem Element nennt man Reinelemente. Mineralien aus mehr als einem Element sind Verbindungen.
Mineralien bestehen aus kleinsten Teilchen, den Atomen. Die Atome der meisten Mineralien bilden ein wiederkehrendes dreidimensionales Muster. Es sorgt dafür, dass Mineralien zu Kristallen mit regelmäßiger Form und glatten Seiten wachsen. Einige Kristalle bilden Würfel, andere Säulen mit drei oder mehr Seiten, die man Prismen nennt. Oft verbinden sich Mineralien mit anderen Mineralien zu unregelmäßigen Massen, den Gesteinen. In diesem Fall sind die Kristalle teilweise so klein, dass du sie nicht sehen kannst. Dennoch haben sie eine regelmäßige Struktur.
Wissenschaftler unterscheiden mehr als 2500 Mineralien und bestimmen sie nach Farbe, Dichte, Härte und Habitus. Der Habitus besagt, in welcher Gestalt ein Mineral vorkommt. Diese ist abhängig von der Struktur der Kristalle und den Bedingungen, unter denen sie wachsen. Es gibt sehr ausgefallene Formen. Manche Mineralien sehen wie Nadelhaufen, andere wie Trauben oder kleine Bäume aus.

Kristallfäden bilden dieses Stück Amphibol-Asbest mit seinem faserigen Habitus. Da Asbestfasern nicht brennen, wurden sie als Feuerschutzmaterial im Bau verwendet. Später fand man heraus, dass bestimmte Arten Gesundheitsrisiken bergen.

Wulfenit (Gelbbleierz) bildet flache tafelförmige Kristalle; seinen Habitus nennt man daher tafelig. Die Form der Kristalle und ihre Honigfarbe lässt sie wie Bonbons aussehen. Wulfenit-Kristalle sind oft durchsichtig. Sie weisen manchmal feine Muster auf, die dadurch entstehen, dass Spuren anderer Mineralien in die Kristalle eingeschlossen werden.

FARBENVARIANTEN

Viele Mineralien kommen in mehreren Farben vor. Zu den Farben von Fluorit z. B. gehören Grün, Gelb und Lila. Die Farben entstehen durch Unreinheiten in dem Mineral.

WÖRTERBUCH

MINERAL geht auf das lateinische Wort minera zurück, das „Mine" oder „Erzgang" bedeutet.

KRISTALL kommt von dem griechischen Wort crystallos für „Eis". – Die Griechen der Antike glaubten, dass Quarz aus unschmelzbarem Eis bestünde.

Die Bezeichnung **RHODOCHROSIT** enthält die griechischen Wörter rhodon für „Rose" und chromo für „Farbe".

SCHON GEWUSST?

Der größte Topaskristall wurde 1940 in Brasilien gefunden. Er wiegt 270 kg und ist im Amerikanischen Museum für Naturgeschichte in New York ausgestellt.

Im amerikanischen Bundesstaat South Dakota fanden Bergleute einen 14,30 m langen und 8 t schweren Kristall des Minerals Spodumen.

WEGWEISER

- Lerne Gesteine und Mineralien klassifizieren: **S. 54–55.**
- Azurit enthält das Metall Kupfer, über das du auf **S. 30–31** mehr lesen kannst.
- Große Kristalle kommen in Erguss- und metamorphem Gestein vor. Siehe **S. 18–19, 22–23.**
- Kristallen werden magische Kräfte zugeschrieben. Schlag **S. 38–39** auf.

SEI AKTIV!

Deine Kristallwerkstatt

Aus Salz und Wasser wachsen Kristalle.

1. Rühr reichlich Salz in ein Glas warmes Wasser. Befestige einen Faden an einem Bleistift und lass ihn in die Lösung hängen.
2. Während das Wasser verdunstet, bilden sich an dem Faden Kristalle. Diese sind würfelförmig, weil die Moleküle zu einem würfelförmigen Gitter arrangiert sind, das sich während des Kristallwachstums wiederholt.
3. Brich die kleinsten Kristalle ab, dann wachsen größere. Füll Salz nach, wenn das Kristallwachstum nachlässt.

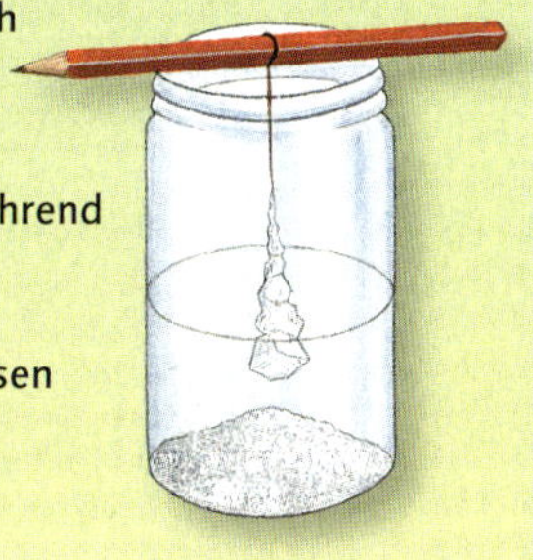

Aus winzigen Kristallen können riesige Mineralien wachsen. Dazu brauchen sie unterschiedlich viel Zeit. Aber jeder Kristall behält seine innere Struktur bei. Der Topas unten ist zu einer 50,3 kg schweren Säule gewachsen; seinen Habitus nennt man prismatisch. Aus solchen Kristallen lassen sich große Schmucksteine schneiden. Der geschliffene Goldtopas unten links ist 4,5 kg schwer.

Die Kristalle des Krokoit sind oft nadelförmig. Dieses seltene und empfindliche Mineral ist bei Sammlern hochbegehrt. Einige der schönsten Exemplare stammen aus Minen auf der australischen Insel Tasmanien.

Azurit, der zu Schmucksteinen verarbeitet und poliert wird, kommt in unterschiedlichen Gestalten vor, ist aber immer von tiefblauer Farbe. Manchmal wächst er zu dieser Traubenform heran.

FARBGETREUE MINERALIEN

Andere Mineralien haben immer dieselbe Farbe. Rhodochrosit z. B. kommt nur rosarot vor. Malachit ist in der Regel tiefgrün. Und Schwefel kennt keine andere Farbe als Hellgelb.

Bornit (Kupfererz)

Galenit (Bleierz)

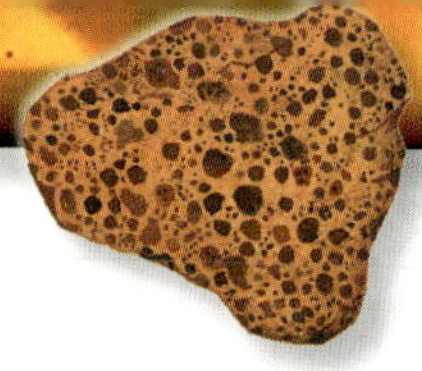

Bauxit (Aluminiumerz)

Bodenschätze

Die Erde birgt einen Schatz nutzbarer Mineralien. Zu ihnen gehören Metalle, wie Gold, Silber, Kupfer und Blei, und Nichtmetalle, wie Schwefel und Salz. Mineralien mit so hohem Anteil an nutzbaren Metallen, dass sich ihr Abbau lohnt, nennen wir Erze. Den Wert dieser Mineralien haben die Menschen schon vor Tausenden von Jahren erkannt.
Zu den ersten abgebauten Erzen gehörte Kupfer, das gut sichtbar als reines Metall im Boden vorkommen kann. Auch Gold, Silber, Platin und andere Metalle, die wir Edelmetalle nennen, treten gediegen, d.h. rein auf. Die meisten Metalle sind jedoch mit anderen Elementen zu mineralhaltigem Gestein gebunden. Mit Sauerstoff gebundenes Aluminium ist z.B. in dem Gestein Bauxit enthalten. Blei kommt sehr selten in gediegener Form, dafür aber verbreitet in Mineralien wie Galenit und Cerussit vor. Die Trennung von Metall und Gestein haben die Menschen in einem jahrtausendelangen Lernprozess verfeinert.
Zu den Bodenschätzen gehören auch die Nichtmetalle. In unseren Bleistiften z.B. steckt Grafit; aus Gips entsteht durch Brennen Stuckgips. Wir gewinnen sogar Speisesalz aus Gestein.

Diese silberweißen Perlen bestehen aus Quecksilber, dem einzigen bei Zimmertemperatur flüssigen Metall. Quecksilber kommt als ein rötliches Erz mit Namen Zinnober vor. Wir verwenden es zur Herstellung von Thermometern, da es auf kleinste Temperaturunterschiede reagiert und genaue Angaben liefert.

Schwefel ist ein hellgelbes nichtmetallisches Mineral, das an heißen Quellen und Vulkanen vorkommt. Der wunderschöne hellgelbe Schwefel verbindet sich mit Wasserstoff zu dem Gas Schwefelwasserstoff mit seinem typischen Geruch nach faulen Eiern. Schwefel dient zur Herstellung von Düngemitteln und Chemikalien gegen Insekten.

STAHLHERSTELLUNG

Stahl, eine Verbindung von Eisen und Kohlenstoff, brauchen wir für viele Gegenstände, von Autos bis hin zu Bestecken. Die Stahlproduktion umfasst viele komplizierte Schritte, von denen hier die wichtigsten gezeigt sind.

Eisenerz

Koks

Kalk

Stahl wird aus Eisen, Koks und Kalk hergestellt. Das Eisen muss zuvor aus Eisenerz gewonnen werden, das gewöhnlich Eisen und Sauerstoff enthält.

Die Bestandteile kommen in einen etwa 30 m hohen Ofen. Aus Gebläsen wird heiße Luft zugeführt, die die Temperatur erhöht. Der Koks verbindet sich mit dem Sauerstoff des Erzes zu Kohlenmonoxid. Das geschmolzene Eisen sammelt sich am Boden des Hochofens. Durch Zusatz von Kalk zur Abscheidung von Unreinheiten entsteht als Abfallprodukt Schlacke.

WÖRTERBUCH

Das Wort **KUPFER** geht auf die griechische Bezeichnung der Insel Zypern Kyprios zurück, wo Kupfer schon vor 5000 Jahren abgebaut wurde.

HÄMATIT ist ein wichtiges Eisenerz in Form eines roten Pulvers. Der Name geht auf das griechische haimatites, „blutartig", zurück.

BAUXIT wurde 1821 im französischen Les Beaux entdeckt.

SCHON GEWUSST?

Man braucht 4 t Bauxit, um 1 t Aluminium zu gewinnen.

Ein Eimer mit 3,8 l Wasser wiegt 3,8 kg. Mit flüssigem Quecksilber gefüllt, würde derselbe Eimer 52 kg wiegen. Quecksilber ist so dicht, dass ein Stück Blei auf seiner Oberfläche schwimmt wie ein Boot auf dem Wasser.

WEGWEISER

- Welches sind die wertvollsten Metalle? Schlag auf **S. 32–33** nach.
- Die meisten modernen Bauten sind mit Stahl verstärkt. **S. 8–9** und **42–43**.
- Feste Leichtmetalle wie Aluminium und Titan finden im Flugzeugbau und in der Raumfahrt Verwendung. Mehr dazu erfährst du auf **S. 50–51**.

Kupfer tritt sowohl gediegen als auch in Erzen auf. Die gediegene Form (unten links) ist rötlich und sieht oft aus wie ein Haufen Drähte. In Verbindung mit anderen Elementen sind Kupfermineralien in der Regel blau oder grün. Zu den Kupfererzen gehören das türkisfarbene Mineral Aurichalcit (ganz links) und das tiefblaue Mineral Azurit (rechts).

Was aussieht wie Nadeln in einem Nadelkissen sind in Wirklichkeit Antimonglanzkristalle. Antimonglanz ist das wichtigste Antimonerz.

INSIDESTORY

Kupferschmiede

Mein Name ist Salomon. Ich lebe im Timna-Tal in Israel. Meine Leute sind Kupferschmiede. Wir verhütten Kupfer für den ägyptischen Pharao, das wir aus einem grünen Mineral namens Malachit gewinnen. Ich helfe meinem Vater und Bruder, das Kupfer durch Ausschmelzen von dem Malachit zu trennen. Wir füllen einen Steinofen mit Holzkohle und blasen Luft hinein, bis die Kohle die richtige Hitze hat. Mein Bruder und ich blasen weiter, während mein Vater den zerkleinerten Malachit in den Ofen wirft und weitere Kohle nachfüllt. Nach einiger Zeit lassen wir den Ofen abkühlen. Wenn wir die schwarze Schlacke am Boden aufschlagen, finden wir darin kleine Kupferkugeln. Es ist schwere Arbeit, aber sie hat uns in ganz Ägypten berühmt gemacht.

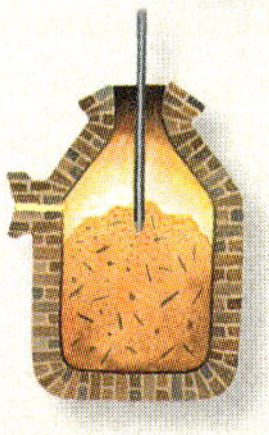

Das Eisen wird in einen anderen Ofen geleitet. Durch ein Gebläse kommt erhitzter Sauerstoff dazu, der das Eisen heiß hält und überschüssigen Kohlenstoff bindet. So wird der Kohlenstoffanteil im Eisen reduziert und es entsteht Stahl.

Die Stahlschmelze wird in ein kontinuierliches Walzwerk geleitet, das den Stahl zwischen Rollen auswalzt. Die gewalzten Abschnitte werden mit Wasser gekühlt und anschließend zu Platten geschnitten.

Die Platten werden unter anderem zu Drähten, Trägern, Blechen und Rohren weiterverarbeitet. Diese werden an Unternehmen verkauft, die daraus eine Vielzahl von Produkten herstellen.

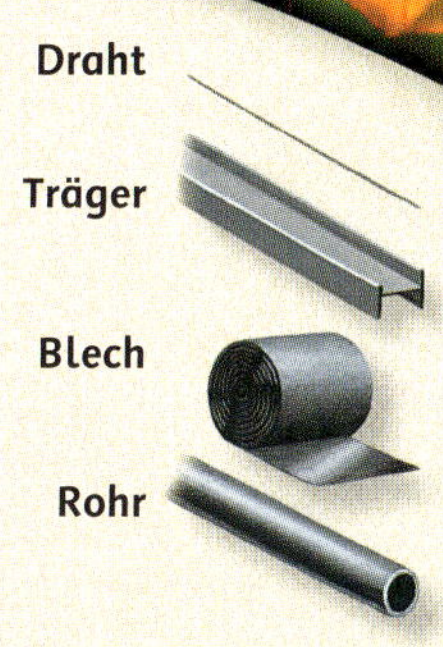

Silbermünzen aus Spanien

Goldmaske aus Griechenland

Platinring aus den Vereinigten Staaten

Edelmetalle

Zu den Schätzen der Erde gehören auch die seltenen Edelmetalle Gold, Silber und Platin, die in und auf dem Boden liegen und auf Entdeckung warten. Schon vor 6000 Jahren haben Menschen am Persischen Golf Gold und Silber verarbeitet. Sie hämmerten die weichen Metalle zu Schmuck und anderen wundervollen Objekten, nicht anders als wir heute. Platin hingegen wurde erst Anfang des 18. Jahrhunderts entdeckt. Extrem selten, ist es noch wertvoller als Gold.

Edelmetalle treten oft gediegen auf. Man findet sie in Adern – mineralgefüllten Gesteinsspalten – und zwischen Sand und Kies in einem Flussbett. Diese Ablagerungen oder Seifen entstehen durch Erosion, die das Metall aus dem Gestein herauslöst; Wasser trägt es zu einem Fluss, auf dessen Boden es sinkt. Dies ist oft bei Gold der Fall. Gold wird vor allem zu Schmuck verarbeitet, hat aber Eigenschaften, die es auch für die Industrie interessant machen. Nicht rostend, wird es zum Beispiel oft für wichtige elektronische Teile verwendet. Als hochglänzende Beschichtung von Satelliten und Weltrauminstrumenten reflektiert es kosmische Strahlen, die sonst schädlich wären.

Drahtartige Gebilde aus gediegenem Silber werden aus heißen Flüssigkeiten ausgefällt. Ein Teil des abgebauten Silbers wird zu Schmuck, Münzen und Tafelsilber verarbeitet. Ein anderer Teil wird für die Herstellung von fotografischen Filmen verwendet. Wenn du ein Foto machst, werden in der Filmbeschichtung Silberkristalle erzeugt. Diese reagieren mit Licht und halten das Bild fest.

INSIDESTORY

Im Goldrausch

Ich heiße Pete und bin Goldwäscher in den nordkalifornischen Bergen. Eigentlich bin ich Bankangestellter und komme aus Boston im Osten der Vereinigten Staaten. Eines Tages las ich in der Zeitung von einem Mann, der hier im American River Gold gefunden hat. Ich gab meine Stellung auf und zog nach Westen, nach San Francisco. Unterwegs sah ich verlassene Farmen und Geschäfte; das Goldfieber hat alle erfasst. Anfang 1849 kam ich hier an. Ich hoffe, dass ich bald sehr reich sein werde.

Platin-Nuggets sind selten größer als eine Erbse; das Kügelchen links wäre schon ein ansehnlicher Fund. Die beste Qualität kommt aus dem Ural in Russland. Aus Platin wird viel Schmuck angefertigt. Aber auch die Autoindustrie verwendet Platin, z. B. in Katalysatoren, die giftige Gase und Partikel ausfiltern.

WÖRTERBUCH

PLATIN geht auf das spanische Wort für „Silber", plata, zurück, dessen Farbe das Metall aufweist.

PYRIT wurde jahrhundertelang zum Feuermachen verwendet. Gegen Feuerstein oder Eisen geschlagen, erzeugt Pyrit Funken. Abgeleitet ist Pyrit von pyr, griechisch für „Feuer".

Das chemische Zeichen **Ag** für Silber steht kurz für den lateinischen Namen argentum, der „weißglänzend" bedeutet.

SCHON GEWUSST?

Das größte Gold-Nugget tauchte 1869 in Moliagul im australischen Bundesstaat Victoria auf. Der „Willkommene Fremde", wie man ihn nannte, wog 70,8 kg.

Platin ist rar: 907 000 kg Erz enthalten manchmal nur 450 g des Metalls.

Gold ist so weich und leicht zu bearbeiten, dass man aus nur 28 g einen haarfeinen Draht von 80 km Länge herstellen kann.

WEGWEISER

- Gold, Silber und Platin kommen rein oder gediegen vor. Mehr zu reinen Elementen steht auf **S. 28–29**.
- Edelmetalle werden auch aus Erzen gewonnen. Siehe **S. 30–31**.
- Auf **S. 44–45** findest du einige besonders schöne Goldobjekte.
- Tests zur Bestimmung von Mineralien findest du auf **S. 55**.

Goldsucher hielten dieses glänzende, gelbe Mineral oft für das begehrte Gold, das sich dann jedoch nur als Pyrit herausstellte. Dieser Irrtum kann dir nicht passieren: Du brauchst mit dem Mineral lediglich über eine weiße unglasierte Keramikkachel zu streichen. Pyrit hinterlässt einen grünlich schwarzen Strich, Gold einen gelben.

So große Gold-Nuggets wie hier findet man selten. Es sind Gipsrepliken von zwei Nuggets, die 1870 in Rheola im australischen Bundesstaat Victoria gefunden und „Graf und Gräfin von Canterbury" getauft wurden. Wenn sie echt wären, könnten die Kinder sie nicht heben – Gold ist doppelt so schwer wie Blei.

GEWACHSENES GOLD

Manche Gold-Nuggets wachsen in Sedimenten wie Kartoffeln in der Erde. Wissenschaftler glauben, dass Bakterien daran schuld sind, an die sich kleine, im Wasser schwimmende Goldteilchen anheften.

Mikroskopisch kleine Bakterienstämme in Sedimenten ziehen winzige gelöste Goldmoleküle an, die im nassen Boden vorhanden sind. Infolge statischer Elektrizität bleibt das Gold an den Bakterien haften, wie Papierfetzen an einem Gummiballon, den du an deinen Haaren gerieben hast.

Immer mehr Gold baut sich auf und verfestigt sich auf den Bakterien, die es wie eine Rüstung umgibt. Während die Goldschicht wächst, füllen sich die Lücken zwischen den Bakterien. Derweil wachsen die Bakterienstämme weiter nach außen.

Mit der Zeit entsteht ein mikroskopisch kleines Nugget. Der Klumpen zieht weitere winzige gelöste Goldteilchen an. Er kann am Ende so groß werden wie die Nuggets links.

Dieses Foto wurde durch ein Mikroskop gemacht. Es zeigt eine dünne Goldschicht auf einem Bakterienstamm. Oben ist sie von der Erosion abgeschliffen.

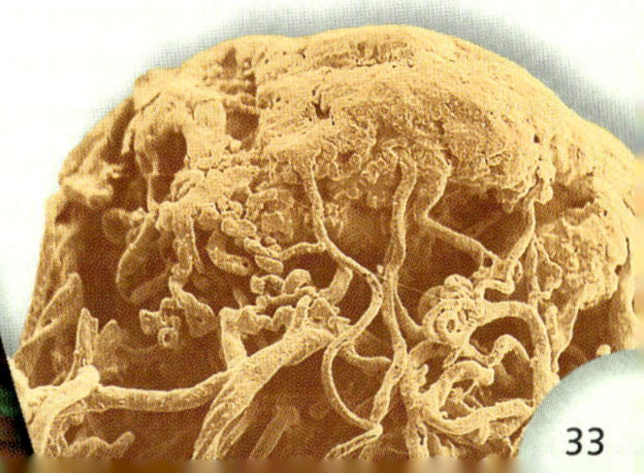

Sternrubin (Korund)

Smaragd

Topas

Seltene Kostbarkeiten

Einige Mineralien bilden eine eigene Klasse. Es sind die Edelsteine, die wegen ihrer außerordentlichen Schönheit hohe Preise erzielen. Die kostbarsten Edelsteine zeichnen sich durch zwei weitere Eigenschaften aus: Sie sind selten und widerstandsfähig. Ihre Seltenheit macht sie begehrt, und ihre Härte schützt sie vor Kratzern und Splittern. Zu den Edelsteinen zählen Diamanten, Rubine, Saphire und Smaragde.

Edelsteine entstehen zum Teil im Zuge der Metamorphose – wenn Krustengestein durch Plattenbewegungen versenkt und Druck und Wärme ausgesetzt wird. Dies gilt z. B. für Rubine, die während der Metamorphose von Sedimentgestein durch auflagernde neue Gebirge wachsen können. Diamanten dagegen bilden sich tief unter der Oberfläche im oberen Erdmantel, und Smaragde entstehen, wenn Lösungen in oder am Rand von abkühlendem Granit kristallisieren. Die Härte eines Edelsteins hängt von der Größe, der Anordnung und der Art seiner Atome ab.

Edelsteine können durch Vulkanismus oder Plattenbewegungen zutage gefördert und durch Erosion freigelegt werden. Fließendes Wasser löst sie aus Gesteinsschichten und lagert sie in Flussbetten ab. Die Suche nach ihnen gleicht oft der nach einer Nadel im Heuhaufen. Oft müssen 500 t Erz gefördert werden, um 30 g Diamanten zu finden.

Der Diamant ist das härteste natürliche Material der Erde und besitzt eine unvergleichliche Brillanz. Viele Diamanten sind farblos; die Mehrzahl hat jedoch eine leicht gelbe Färbung. Der unten abgebildete, 128 Karat schwere Tiffany-Diamant strahlt in funkelndem Kanariengelb. Daneben gibt es rosa, grüne, blaue, purpurne und – äußerst selten – rote Diamanten.

Rubin (links) und Saphir sind zwei Arten eines Minerals namens Korund. Die für den Rubin typische rote Farbe resultiert aus winzigen Chromanteilen im Korund; sie variiert von Blassrot bis Purpurrot. Der blutrote Rubin zählt zu den seltensten und wertvollsten Edelsteinen. Rubine werden auch zur Fertigung von Lasern verwendet.

UNTER DRUCK

Diamanten entstehen im oberen Erdmantel in etwa 150 km Tiefe und gelangen während der Entstehung des magmatischen Gesteins Kimberlit an die Oberfläche. Rechts siehst du die Entstehungsphasen von Kimberlit.

Extremer Druck im oberen Erdmantel verdichtet Kohlenstoffmoleküle zu Diamantkristallen. Das diamantführende kimberlitische Magma steigt in einer Röhre durch den umliegenden dichteren Erdmantel zur Oberfläche auf. Auf dem Weg nach oben bilden sich Gasblasen in dem Magma.

WÖRTERBUCH

TURMALIN kommt aus dem Singhalesischen (Sri Lanka), wo touramalli „Steine mehrerer Farben" bedeutet.

DIAMANT geht auf das griechische Wort adamas für „unbezwinglich" zurück.

RUBIN hat als Wurzel das lateinische rubeus, das „rot" bedeutet.

KORUND kommt von kuruvinda, tamilisch für „Rubin".

SCHON GEWUSST?

Der größte bisher gefundene Diamant ist mit 3106 Karat der Cullinan. Er wurde 1905 in Südafrika entdeckt und in 9 große sowie 91 kleinere Steine geschliffen.

Korund ist das zweithärteste Mineral nach dem Diamant. Dessen ungeachtet ist der Diamant ungefähr 150-mal so hart wie der Korund.

WEGWEISER

- Halbedelsteine sind nicht so selten wie Edelsteine. Alles darüber steht auf S. 36–37.
- Über magische Kräfte, die Edelsteinen nachgesagt werden, informieren dich die S. 38–39.
- Der Edelstein Topas kann zu riesigen Kristallen heranwachsen. Sieh dir einen davon auf S. 28–29 an.

INSIDESTORY

Der Punch-Diamant

Im April 1928 machte der 12-jährige William Jones eine große Entdeckung. Punch, wie er genannt wurde, und sein Vater Grover spielten Hufeisen-Werfen im Hof ihres Hauses in Petertown, West Virginia. Eins der Hufeisen landete mit einem hellen „kling", und als Punch die Erde wegschob, sah er einen bläulich weiß schimmernden Kristall von der Größe einer großen Murmel. „Guck mal, ich hab einen Diamanten gefunden", sagte er zu seinem Vater und beide lachten über den vermeintlichen Witz. Punch tat den Kristall in eine Zigarrenschachtel, wo er 15 Jahre lang blieb. 1943 brachte Grover den Stein zu einem Experten, der feststellte, dass es sich um einen 34,48 Karat schweren Diamanten handelte – einen der größten, der je im Osten der Vereinigten Staaten gefunden wurde. Die Jones stellten ihren „Punch-Diamanten" in einem Museum aus, bevor sie ihn 1984 für 74 250 Dollar verkauften.

Auf der Suche nach Saphiren saugt dieser Sammler Flusssand in eine Pumpe, den er anschließend in das Sieb geben wird. Indem er das Sieb kreisend bewegt, drückt die Zentrifugalkraft die leichteren Steine, wie Quarz, nach außen. Die schweren roten Zirkone und blauen Saphire sammeln sich in der Mitte (oben rechts).

Mit einem grünen „Rand" und rosafarbenem „Fleisch" sieht dieser Turmalinkristall aus wie ein Stück Wassermelone. Turmalin kommt in vielen Farben von Rosa, Rot, Blau, Grün, Gelb, Orange bis hin zu Braun und Schwarz vor, aber auch in glasklarer Form. Die Farbe hängt vom Metallgehalt des Minerals ab. Mangan färbt den Turmalin pink; ist er grün, enthält er Eisen oder Chrom.

Diamanten wie der links werden gewöhnlich in kimberlitischem Gestein gefunden. Die häufigste Form ist die eines (8-seitigen) Oktaeders, das wie zwei zusammengesetzte Pyramiden aussieht.

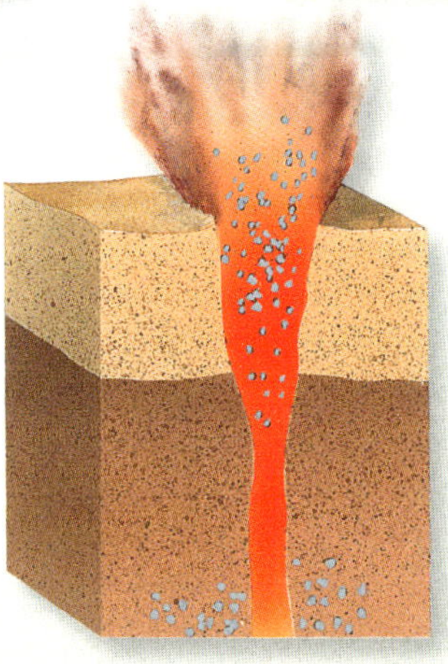

Steigender Gasdruck oder eine physikalische Reaktion zwischen dem Magma und Grundwasser führen dazu, dass das Magma den überlagernden Deckel von Zeit zu Zeit durchbricht und zusammen mit Gestein und Diamanten an die Oberfläche gelangt. Das letzte Ereignis dieser Art geschah vor etwa 60 Millionen Jahren.

Nach dem Ausbruch kühlt das Gestein langsam ab und es entsteht ein karottenförmiger Schlot, eine sogenannte Pipe. Mit fortschreitender Erosion gelangen Teile der Diamanten in Flüsse, wo sie sich in Seifen-lagerstätten konzentrieren. In den Schloten werden die Edelsteine im Tagebau abgebaut.

Diese Steine waren farblos und matt, als sie frisch aus der Erde kamen. Rundum poliert zeigen sie ein vollkommen anderes Gesicht, und wir können jetzt ihre wunderbaren Farben bewundern.

Im Uhrzeigersinn von links: Amazonit, Jaspis, Tigerauge, Rhodonit, Rhyolit, Hämatit, Band-Achat, Roteisenstein

Farben und Formen

Manche Steine sind ebenso schön wie verbreitet. Wegen ihres häufigeren Vorkommens haben sie zwar nicht den Wert echter Edelsteine, aber trotzdem lieben und sammeln wir sie wegen ihrer schönen Farben und Muster. Diese Schmuck- oder Halbedelsteine, wie man sie nennt, zieren Kleidung, Schmuck und Kunstobjekte seit Tausenden von Jahren. In Frankreich zum Beispiel haben Menschen vor 20000 Jahren Schmuckstücke aus polierten Stücken eines rötlichen Steins mit Namen Jaspis hergestellt.

Schmucksteine sind oft Ansammlungen kleinster Kristalle. Kristallkombinationen können faszinierende Muster hervorbringen, wie im Achat mit seinen wellenförmigen Farbbändern. Sie entstehen durch abwechselnde Ablagerungen kleiner Chalcedonkristalle mit leicht unterschiedlichen Chemikalien, in die größere Quarzkristalle eingelagert sein können. Als organische Schmucksteine bezeichnet man Produkte von Pflanzen und Tieren wie Perlen, Korallen und Gagat, einem Stein aus schwarzer, harter Kohle.

Nephrit

Wenn wir von Jade sprechen, meinen wir einen von zwei Schmucksteinen, Nephrit oder Jadeit. Beide sind hart und kommen in mehreren Farben vor. Aus Nephrit haben die Ureinwohner von Neuseeland, die Maori, seit dem Jahr 1000 wunderbare Kunstwerke und Gebrauchsgegenstände geschaffen, z. B. die Messer oben.

Der tiefblaue Lapislazuli ist ein hoch geschätzter Schmuckstein. Die alten Ägypter zerrieben ihn zu Pulver, das sie als Lidschatten benutzten. Im Europa der Renaissance stellte man aus dem Pulver eine edle Farbe her, das Ultramarin. In seinem Gemälde „Der heilige Franziskus schenkt einem armen Soldaten seinen Mantel" (1437) wählte der italienische Maler Sassetta sie für den Mantel.

Lapislazuli

SO WÄCHST DIE PERLE

Eine Perle entsteht, wenn ein Fremdkörper in die Schale einer Perlauster, Meeres- oder Flussmuschel gelangt.

Um sich zu schützen, sondert die Muschel Perlmutt ab, das sich in Schichten um den Fremdkörper legt. In rund sieben Jahren baut sich so eine Perle auf.

WÖRTERBUCH

Venezianische Händler kauften **TÜRKISE** auf türkischen Märkten ein und verkauften sie in ganz Europa. Die Franzosen nannten den Stein pierre turquoise, den „türkischen Stein".

LAPISLAZULI kommt von dem lateinischen Wort lapis für „Stein" und dem arabischen Wort lazaward für „Himmel".

SCHON GEWUSST?

Die nordamerikanischen Pueblo-Indianer legten Verstorbenen Türkisperlen ins Grab. In der Totenstadt Pueblo Bonito in New Mexico hat man 24900 dieser Perlen gefunden.

Der qualitativ hochwertigste Lapislazuli kommt aus den Bergen von Badakschan in Afghanistan, wo er seit über 6000 Jahren abgebaut wird.

WEGWEISER

- Bei Schmucksteinen ist der massive Habitus am verbreitetsten. Auf S. 28–29 findest du weitere Formen.
- Farbensprühender Achat findet sich verbreitet in den Blasenräumen von Geoden. Siehe S. 24–25.
- Mehr zu Schmucksteinen im Altertum findest du auf S. 44–45.
- Über Bernstein, einen organischen Schmuckstein aus fossilem Baumharz, erfährst du mehr auf S. 60.

SEI AKTIV!

Der entscheidende Schliff

Die meisten Schmucksteine sind matt und farblos, wenn sie aus der Erde kommen. Um ihre Farben und Muster zur Geltung zu bringen, müssen sie poliert werden. Dies geschieht in einem Trommelschleifapparat, den du kaufen kannst. Zum Schleifen und Polieren werden die Steine zusammen mit Wasser und einem groben Schleifmittel in die Trommel gegeben. Dann stellst du den Apparat an und lässt ihn etwa eine Woche laufen. Danach ersetzt du das grobe durch ein feineres Schleifmittel und lässt den Apparat noch einmal eine Woche laufen. Die Schleifmittel entfernen die harten Kanten und runden den Stein. Zu guter Letzt kommt ein feines Poliermittel in die Trommel, das dem Stein einen edlen Glanz verleiht.

Türkis

Der älteste Türkisschmuck stammt aus Mesopotamien (dem heutigen Irak), wo die Menschen schon um 5000 v. Chr. Perlen daraus anfertigten. Die in Mexiko ansässigen Azteken schufen Kettenanhänger und Zeremonialmasken aus Türkis. Diese Maske aus der Zeit um 1500 n. Chr. stellt ihren Regengott Quetzalcoatl dar.

Der Malachit erfreut das Auge mit einer Sinfonie in Grün. Die hellgrünen Bänder bestehen aus extrem kleinen, die dunkelgrünen aus größeren Kristallen. Große Einzelkristalle aus Malachit sind selten; dafür kommt er in verschiedenen Formen vor. Der Habitus dieses Malachits ist massig. Er kann aber auch faserig, radial oder traubig sein.

Malachit

Perlen haben gewöhnlich die Form kleiner Kugeln und werden zu Ketten aufgezogen (oben). Aber die Menschen sind erfindungsreich. Diese Buddha-Perlen (rechts) haben als Kern kleine Buddha-Figuren aus Blei, die man lebenden Muscheln einpflanzte. Im Lauf der Jahre umgab die Muschel die Figuren mit Permutt. Das Verfahren ist seit dem 12. Jahrhundert in China bekannt.

Perlen werden gezüchtet, indem man der Muschel ein kleines Kügelchen künstlich einpflanzt. Um die Kugel legt sich ein Perlmuttmantel.

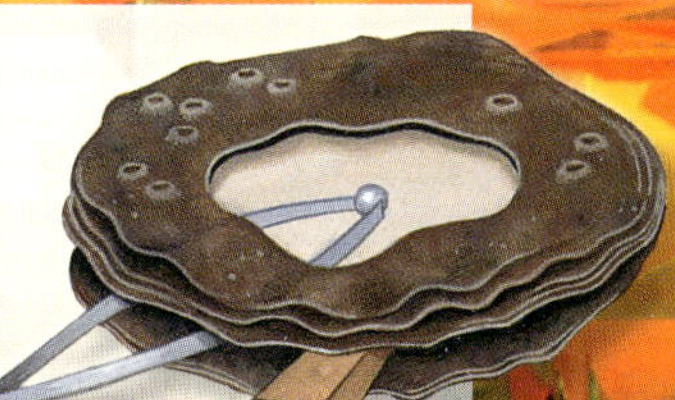

Im Schnitt sieht man den Unterschied: viele Perlmuttlagen und ein kleiner Fremdkörper bei der echten Perle, wenige Lagen und ein großer Kern bei der Zuchtperle.

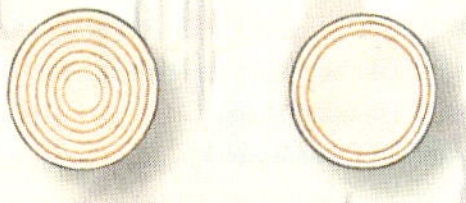

Echte Perle Zuchtperle

Quarzkristallkugel eines Hellsehers

Augenachat zum Schutz gegen den bösen Blick

Beim Vesuvausbruch im Jahr 1666 regnete es Kreuze auf die Stadt Neapel. Die Bewohner glaubten an ein Wunder, doch es waren rechtwinklig verwachsene Pyroxenkristalle, die, wie man sagt, Zwillinge gebildet hatten.

Magische Mineralien

Die ungewöhnlichen Formen, Farben und Eigenschaften von Mineralien erschienen frühen Menschen wie ein Wunder. Unsere Vorfahren staunten über klare Quarzkristalle, die wie Eis aussahen, aber nicht schmolzen. Sie hatten keine Erklärung für Steine von der Form von Nadeln, Trauben oder Kreuzen, geschweige denn den Magnetismus von Magnesit oder den Einschluss von Insekten in einen Bernstein. Kein Wunder, dass sich mancher Glaube mit Mineralien verknüpfte. Zum Beispiel legte man Fiebernden oft einen Quarz auf die Stirn. Dieses Mineral ist ein guter Wärmeisolator – es speichert Wärme und Kälte. Kalt aufbewahrt, fühlt er sich so kühl und beruhigend an wie ein kaltes feuchtes Tuch. Amerikanische Indianer erzeugten bei Zeremonien Blitze, indem sie Quarzkristalle aneinander rieben. Quarz strahlt beim Zerbrechen oder Zerstoßen tatsächlich Licht ab – man nennt das Phänomen heute Triboluminеszenz (Trennungsleuchten). Aber es existiert auch viel Aberglaube. In Griechenland soll Granat Kinder vor dem Ertrinken, im Nahen Osten ein an den Schwanz gebundener Türkis Pferde vor Unfällen schützen. Und viele Menschen in aller Welt glauben, dass Kristalle heilen und sie in die Zukunft sehen lassen können.

SEI AKTIV!

Leuchtender Zucker

Nimm einen Zuckerwürfel, geh damit in einen dunklen Raum und press ihn mit einer Zange zusammen. Der Würfel beginnt schwach zu leuchten. Drück fester zu, bis der Würfel zerbricht. Wenn das geschieht, solltest du einen bläulichen Blitz sehen. Die Zuckerkristalle zerbrechen in positiv und negativ geladene Teilchen, zwischen denen Energie ausgetauscht wird. So entstehen Funken, die mit dem Stickstoff in der Luft reagieren und einen bläulichen Blitz erzeugen. Dieser Effekt heißt Tribolumineszenz – Leuchten beim Zerbrechen. Als tribolumineszente Mineralien sind Quarz und Fluorit bekannt. Manche Materialien erzeugen intensivere Blitze, weil sie lichterzeugende Chemikalien enthalten.

Fluorit

Fluoreszierende Mineralien leuchten unter ultraviolettem Licht in faszinierenden Farben. Andere Mineralien, wie der Diamant, leuchten nach Abschalten der Lichtquelle noch kurze Zeit nach, dies nennt man Phosphoreszenz. Fluoreszenz kommt zustande, weil die Mineralien Lichtstrahlen absorbieren und mit anderer Wellenlänge im sichtbaren Farbbereich wieder abstrahlen.

Dieser Edelstein mit seiner besonderen Farbe und dem reflektierten Lichtstreifen zeigt den Katzenaugen-Effekt. Es gibt mehrere Mineralien, die diesen Effekt aufweisen, wenn sie gewölbt geschliffen werden. Das eigentliche Katzenauge aber ist der hier abgebildete Chrysoberyll. Der hellgelbe Streifen rührt von einer Reihe paralleler Fasern aus dem lichtreflektierenden Mineral Rutil her.

WÖRTERBUCH

Ein Stein aus **JADE**, auf den seitlichen Körper gelegt, sollte früher Nierenschmerzen lindern. Das Wort Jade kommt aus dem Spanischen: piedra de ijada bedeutet „Stein der Seite“.

Die Griechen der Antike glaubten, ein **AMETHYST** im Wein schütze vor Trunkenheit. Amethyst vom griechischen amethystos heißt „nicht betrunken“.

SCHON GEWUSST?

Die alten Ägypter legten Mumien einen Smaragd in den Mund, der ihnen im Jenseits Kraft verlieh.

Im Mittelalter gab es Ärzte, die glaubten, Menschen könnten sich unsichtbar machen, indem sie sich mit Roteisenstein und Kräutern einrieben.

Im 17. Jahrhundert empfahl der englische Arzt William Rowland die Einnahme von zerkleinerten Granaten gegen Herzprobleme.

WEGWEISER

- Auch Gesteine haben Besonderheiten. Schlag **S. 24–25** auf.
- Mehr über die eigenwilligen Formen von Mineralien auf **S. 28–29**.
- Viele Edelsteine zieren kostbaren Schmuck. Lies auf **S. 44–45** weiter.
- Manche Mineralien haben Eigenschaften, die in der modernen Technik genutzt werden. Siehe **S. 50–51**.

Strontianit

Willemit (grün) und Calcit (rot)

Um Rubine, oben in Marmor eingebettet, ranken sich viele Mythen. Birmesische Krieger nähten sich Rubine ins Fleisch, weil sie glaubten, die Steine würden sie im Kampf schützen. Anderswo galt es als schlechtes Vorzeichen, wenn ein Rubin sich dunkel färbte.

Einige Feldspäte haben einen perlig weißen Glanz, in dem sich der Mond zu spiegeln scheint – deshalb nannte man sie Mondsteine. Der schillernde Glanz geht tatsächlich auf lichtreflektierende Schichten aus kleinen Kristallen zurück.

MONATSSTEINE

Die Geschichte der Monatssteine reicht weit zurück. Sie beginnt vielleicht mit den zwölf Edelsteinen im Brustpanzer des Hohen Priesters und Bruders des Propheten Moses, Aaron, die die zwölf Stämme Israels repräsentierten. Später wies man erst Tierkreiszeichen, dann Geburtsmonaten besondere Steine zu. Letztere sollen auch heute noch Glück bringen.

JANUAR Granat

FEBRUAR Amethyst

MÄRZ Aquamarin

APRIL Diamant

MAI Smaragd

JUNI Perle

JULI Rubin

AUGUST Olivin

SEPTEMBER Saphir

OKTOBER Opal

NOVEMBER Topas

DEZEMBER Türkis

Wissenswertes für Sammler

Zu allen Zeiten haben Menschen Gesteine und Mineralien gesammelt, um sie zu etwas Nützlichem oder Schönem zu verarbeiten. Sie machen praktische Werkzeuge daraus. Sie bauen sie ab, um Städte zu errichten und Brennstoffe zu gewinnen. Sie nutzen sie als Schmuck und Dekoration. Wissenschaftler hingegen sammeln und untersuchen Gesteine und Mineralien, um mehr über unsere Erde zu erfahren. Wir nennen sie Geologen und auch du kannst Geologe werden. Du brauchst nur eine einfache Ausrüstung und ein paar Grundkenntnisse. Damit kannst du die Geologie deines Wohnorts erkunden, ungewöhnliche Formationen studieren und interessante Stücke sammeln.

Seite **42**

Gesteine liefern uns die Materialien, aus denen fast alle unsere Bauten bestehen. Lies nach bei **Bauten aus Stein**.

Seite **44**

Seit Jahrhunderten arbeiten Künstler mit Gesteinen. Lies nach bei **Künstler am Werk**.

Seite **46**

Warum erforschen Geologen den Meeresboden? Lies nach bei **Detektivarbeit**.

Seite **48**

Welche Brennstoffe sind in Gesteinsschichten eingelagert? Lies nach bei **Fossile Brennstoffe**.

Seite **50**

Weißt du, dass Mineralien und Kristalle die wichtigsten Teile des Computers sind? Lies nach bei **Silicium für Chips**.

Seite **52**

Wie ordnest und verwahrst du deine Gesteins- und Mineralsammlung?
Lies nach bei **Geh unter die Sammler**.

Seite **54**

Wie kannst du Gesteine und Mineralien bestimmen?
Lies nach bei **Gesteine unter der Lupe**.

Seite **56**

Wie nennt man diese geologische Formation?
Lies nach bei **Ein Ausflug in die Berge**.

Seite **58**

Wonach suchen Geologen an Meeresküsten?
Lies nach bei **Küstenwache**.

Seite **60**

Einige Gesteine enthalten Überreste und Spuren vergangenen Lebens.
Lies nach bei **Die Jagd auf Fossilien**.

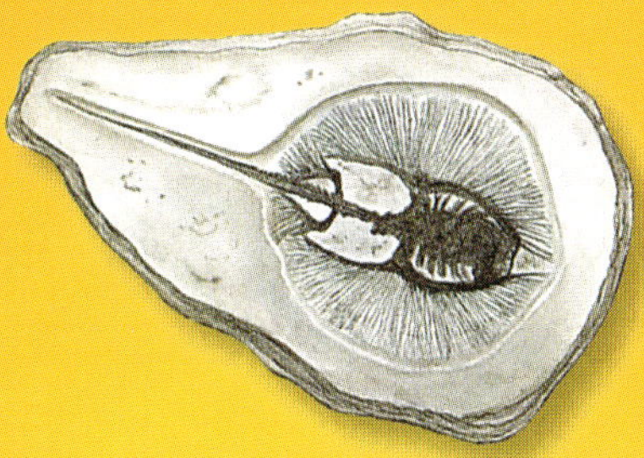

Stonehenge, Salisbury, England

Pyramiden von Giseh, Ägypten

Kolosseum, Rom, Italien

Bauten aus Stein

Seit Millionen von Jahren bauen Menschen Häuser und Städte aus Stein. Zuvor suchten sie erst in natürlichen und dann in künstlichen Höhlen Schutz, die sie selbst in den Fels schlugen. Später verwendeten sie Holz, Reet und Lehmziegel, bis sie erkannten, dass Bauten aus Stein den sichersten und dauerhaftesten Schutz boten.

Mit zunehmender Kenntnis der Gesteine und verbesserten Techniken entstanden großartige Bauwerke. Die alten Ägypter bauten Kalkstein ab und errichteten riesige Pyramiden. Sie lernten, Granitblöcke zu Straßenpflastern und Mauern zusammenzufügen. Die Römer bauten herrliche Tempel und riesige Arenen unter anderem aus Travertin, einem cremefarbenen porösen Kalkstein. Im 2. Jahrhundert v. Chr. begann in China der Bau der längsten Mauer der Welt aus Granit und anderen Steinen. Viele der alten Bauten stehen noch heute.

Mit der Zeit wurden neue Materialien und Techniken entdeckt. Die Menschen lernten, Glas aus Sand herzustellen und Dachziegel aus Schieferplatten zu schneiden. Die neuere Zeit brachte die Verwendung von Stahl und Beton für den Hochhausbau.

INSIDESTORY

Hinter Mauern

Shi HuangTi, der erste Herrscher der Shi und Kaiser von China, hatte schlechte Nachrichten bekommen. Mongolische Reiter aus dem Norden hatten ein weiteres Dorf erobert. „Wir müssen die Barbaren draußen halten“, rief er und ordnete die Verstärkung bestehender Verteidigungswälle und den Bau vieler neuer an. 210 v. Chr. – elf Jahre nach dem Befehl des Kaisers – bildeten diese Wälle eine große Mauer. Spätere Herrscher bauten sie aus, bis sie das ganze Reich umschlossen. Heute erstreckt sich die Große Mauer, die an manchen Abschnitten volle 9 m hochragt, über 3460 km durch Nordchina.

SEI AKTIV!

Bau eine Bücherbrücke

Die Maya und viele andere alte Völker bauten Brücken, Bögen und Tore, indem sie Steine treppenartig versetzt aufeinandersetzten, bis sie sich fast berührten, und den Bogen mit einem Deckstein abschlossen.

Mit einem Stapel Bücher und zwei Stühlen kannst du es ihnen nachmachen. Stell die Stühle etwa 50 cm voneinander entfernt auf. Staple auf beiden Stühlen Bücher auf; schieb jedes neue Buch etwas näher als das vorige an den anderen Stuhl heran. Leg zum Schluss ein Buch zur Verbindung beider Stapel auf.

Für den Bau der Hafenbrücke von Sydney im australischen Bundesstaat Neusüdwales, der 1932 abgeschlossen wurde, waren 35 000 t Stahl erforderlich. Die Pfeiler sind aus Granit und stehen auf Widerlager genannten Fundamenten aus gelbem Sandstein.

VON HÖHLE ZU HOCHHAUS

Die Baukunst der Menschen hat sich weiterentwickelt wie die Materialien, die für den Wohnungsbau verwendet wurden.

Vor 4000 Jahren gruben Menschen in der türkischen Landschaft Kappadokien Wohnhöhlen in diese Kegel aus vulkanischem Tuff. Sie werden zum Teil noch heute benutzt.

Amerikanische Indianervölker errichteten Bauten aus sogenannten Adobe-Ziegeln. Das Material wurde aus Lehm, Stroh und Wasser angerührt, geformt und an der Luft getrocknet.

WÖRTERBUCH

Das Wort **BAUEN** kommt von dem althochdeutschen Wort buan, das wiederum auf das gotische Wort bauan für „wohnen, bebauen" zurückgeht.

ZEMENT kommt aus dem Lateinischen: caementum heißt so viel wie „Bruchstein, Mörtel".

Die Römer nannten ihre großen Theater **KOLOSSEUM**. Dieses Wort ist mit dem lateinischen colossaeus verwandt, das „riesengroß" bedeutet.

SCHON GEWUSST?

Die Inka, die von 1400 bis 1532 den Westen Südamerikas beherrschten, errichteten gewaltige Bauten aus Steinblöcken, die fugenlos ohne Mörtel aneinanderpassten.

Wissenschaftler glauben, dass der Bau von Stonehenge in Südengland 30 Millionen Arbeitsstunden gekostet hat. Das entspricht 3424 Jahren Schule bei täglich 24 Unterrichtsstunden!

WEGWEISER

- Die Pyramiden der Maya und Ägypter sind aus dem Sedimentgestein Kalkstein errichtet. Mehr über Sedimentgesteine steht auf **S. 20–21**.
- Für die Stahlherstellung braucht man Eisenerz. Genaueres über den Prozess erfährst du auf **S. 30–31**.

Mit ausgefeilten Techniken errichtete das Volk der Maya vor rund 2000 Jahren riesige Steintempel in Mexiko und Mittelamerika, die teilweise Grabkammern für ihre Herrscher enthielten. Viele der Bauten haben die Zeit überdauert.

In Südwestengland war der Bau sogenannter Cottages aus einem Sedimentgestein namens Oolith üblich. Aus dem gleichen Gestein wurden die Dachziegel geschnitten.

Moderne Apartmenthäuser bieten vielen Menschen baulandsparend ein Zuhause. Diese Bauten haben ein Skelett aus Stahl, Geschossdecken aus Beton und große Stahlrahmenfenster.

Höhlenmalerei in Spanien

Jadeschnitzerei aus China

Tongefäß der Pueblo Indianer, USA

Künstler am Werk

Schon vor 25000 Jahren verwendeten Menschen Gesteins- und Mineralfarben, um Höhlenwände zu bemalen. Vor 5000 Jahren schufen die alten Ägypter Schmuckstücke aus Quarz, Obsidian, Lapislazuli und Gold. Römer und Griechen der Antike gestalteten herrliche Skulpturen aus Marmor.

Kunstwerke, die Jahrhunderte überlebt haben, sagen viel über die Lebensweise unserer Vorfahren aus. Höhlenmalereien berichten, welche Tiere von frühen Menschen gejagt wurden. Waffen und Gerätschaften geben Auskunft, wie gekämpft und gearbeitet wurde. Schmuckstücke sagen uns, welche Mineralien ein Volk besonders schätzte, und Skulpturen vermitteln künstlerische Sichtweisen.

Auch wir stellen Schmuck aus Edelmetallen und -steinen her und gestalten Skulpturen aus Gestein und Metall. Kunst und Kunsthandwerk profitieren dabei von modernen Technologien. So verfügen wir zum Beispiel über fortschrittliche Verfahren zur Gewinnung von Steinen, Edelsteinen und Metallen aus der Erdkruste. Wir wissen, welche Legierungen die härtesten sind und welche Schliffe Edelsteine erst richtig zum Funkeln bringen. In Tausenden von Jahren werden unsere Kunstwerke zukünftigen Generationen vielleicht helfen zu verstehen, wie wir gelebt haben.

Diese prunkvolle Krone wurde 1605 anlässlich der Krönung von Fürst Stephan Bocskay von Siebenbürgen angefertigt. Sie ist aus Gold und mit Rubinen, Smaragden, Türkisen und Perlen besetzt.

Diese einzigartige Totenmaske wurde für den altägyptischen Pharao Tutenchamun angefertig. Das Grab wurde 1922 von dem britischen Archäologen Howard Carter entdeckt.

Viele Künstler verarbeiten Metalle zu modernen Skulpturen. Dieser Bildhauer poliert eine Skulptur aus Bronze, einer Legierung aus den Metallen Kupfer und Zinn.

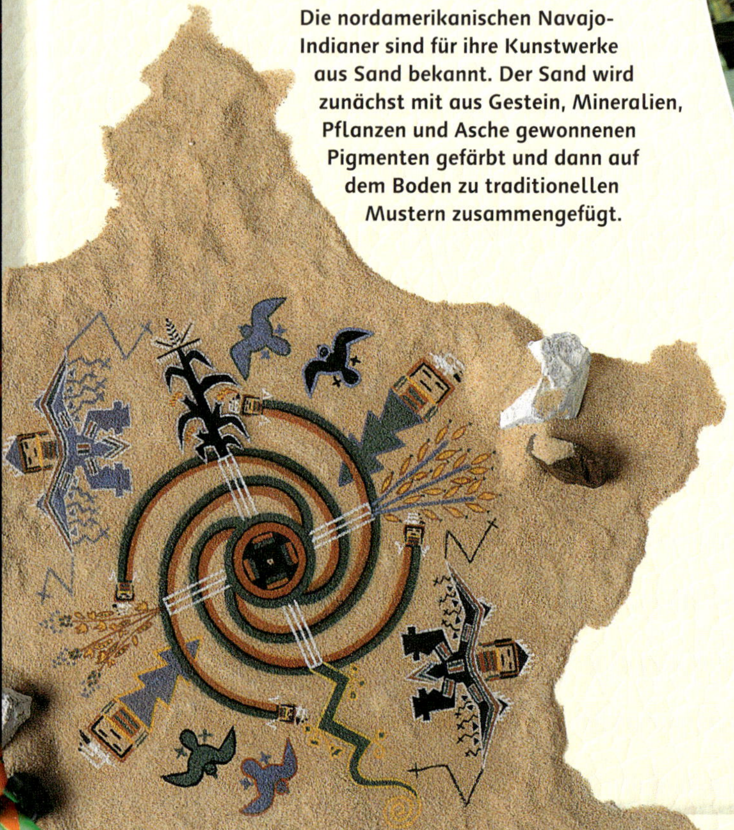

Die nordamerikanischen Navajo-Indianer sind für ihre Kunstwerke aus Sand bekannt. Der Sand wird zunächst mit aus Gestein, Mineralien, Pflanzen und Asche gewonnenen Pigmenten gefärbt und dann auf dem Boden zu traditionellen Mustern zusammengefügt.

Die Maske besteht aus purem Gold.

Für diese Streifen reichte der Lapislazuli-Vorrat der Ägypter nicht. Darum verwendeten sie blaue Glas.

Der Kragen ist mit Lapislazuli, Quarz und grünem Feldspat eingelegt.

WÖRTERBUCH

Die Größe von Edelsteinen wird in **KARAT** angegeben. Das Wort kommt vom griechischen Begriff keration für Hörnchen. Gemeint waren die Samen des Johannisbrotbaums, die zum Wiegen von Edelsteinen benutzt wurden. Ein Karat entspricht 0,2 g.

SCHON GEWUSST?

Die ältesten Höhlenmalereien befinden sich wohl in Namibia, Afrika. Sie sind etwa 27500 Jahre alt.

In Altägypten gab es Hunderte von Gräbern, ähnlich dem des Tutenchamun. Nahezu alle wurden innerhalb von zehn Jahren nach der Versiegelung ausgeraubt.

WEGWEISER

- Steine müssen poliert werden, bevor sie als Schmuck glänzen können. Wie das geht, steht auf **S. 37**.
- Edelsteine sind mineralische Kristalle. **S. 28–29** informiert dich über Kristalle.
- Gold ist ein Edelmetall. Auf **S. 32–33** siehst du zwei große Gold-Nuggets und erfährst, wie sie entstanden sind.

INSIDESTORY

Eine schwere Verantwortung

Der Diamantschleifer Lazare Kaplan besah sich das „Glasei", das er in der Hand hielt – den 726 Karat schweren Jonker-Diamanten, den Jacobus Jonker 1934 in Südafrika gefunden hatte. Jetzt, zwei Jahre später, sollte Kaplan ihn in kleinere Diamanten spalten. Der Schweiß stand ihm auf der Stirn, als er eine Rille in den Stein ritzte. Ein falscher Ansatz und der Diamant zerbrach in lauter Splitter. Mit angehaltenem Atem setzte er das Stahlmesser an und schlug kurz darauf. KLICK! Der Diamant zerfiel in zwei Hälften. Kaplan atmete auf. Er spaltete die Hälften in zwölf Diamanten, von denen einer für eine Million Dollar verkauft wurde.

Die Augen bestehen aus Quarz und Obsidian, die Brauen und Lider aus Lapislazuli.

DAS SPIEL MIT DEM LICHT

Durch Anschleifen von Flächen oder Facetten bringen Edelsteinschleifer Steine zum Funkeln. An jeder Facette kann Licht einfallen, das im Innern hin und her geworfen wird. Verschiedene Schliffe erzielen verschiedene Wirkungen. Unten siehst du übliche Schliffe als Diagramme (links) und am fertigen Stein (rechts).

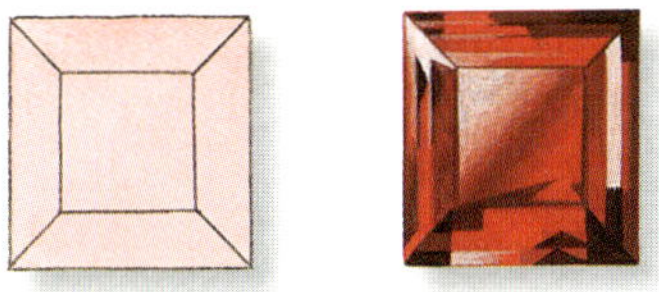

Tafelschliff

Smaragdschliff

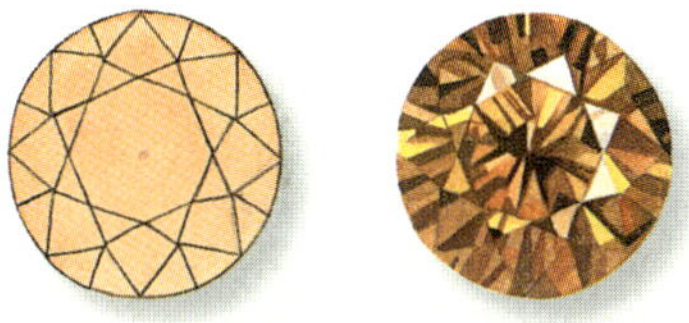

Brillant-Vollschliff

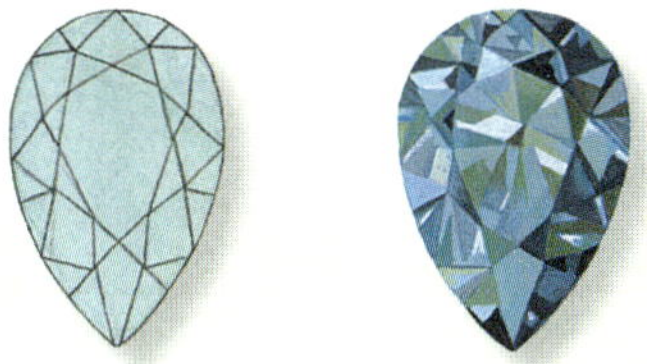

Perlförmiger Brillantschliff (Pendeloque)

Herzförmiger Brillantschliff

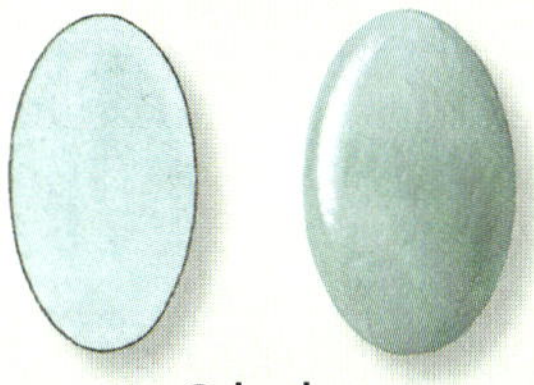

Cabochon (gerundet, keine Facetten)

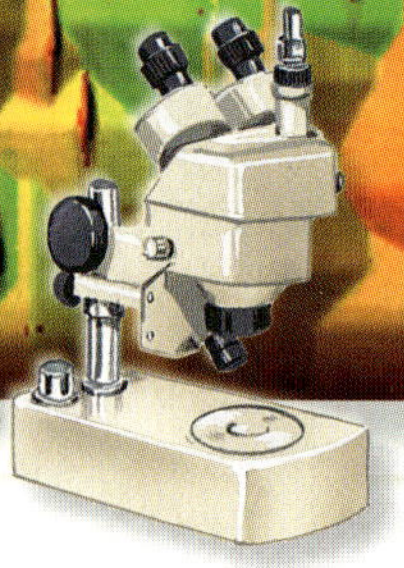

Mikroskop

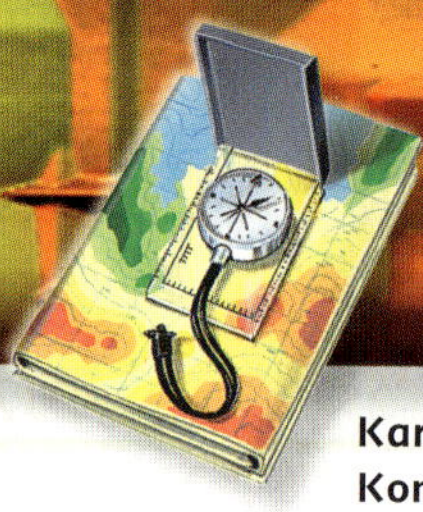

Karte und Kompass

Detektivarbeit

Woher kommen Gesteine? Können sie wachsen? Diese Fragen führten zu intensiven Studien, die aber nicht immer die richtigen Antworten lieferten. Der griechische Philosoph Aristoteles lehrte, dass Mineralien Dämpfen aus dem Inneren der Erde entstammten. Und noch vor 200 Jahren glaubten nur wenige, dass die Erde älter als 6000 Jahre sei.

Weiter brachte uns die Wissenschaft der Geologie. Geologen arbeiten wie Detektive. Sie verfolgen jede Spur, die etwas über die Geschichte der Erde verraten könnte. Da sich Gesteine langsam, aber ständig verändern, sind die meisten dieser Spuren zwar verschwunden. Geologen bohren unter den Ozeanen, messen Erdbeben, untersuchen Mineralien und Fossilien mit leistungsstarken Mikroskopen und entwickeln Computermodelle, die geologische Prozesse simulieren. Heute wissen wir, dass die Erde etwa 4,8 Milliarden Jahre alt ist. Wir kennen die Geschichte ihrer Entstehung und aller Veränderungen. Wir haben sogar Erkenntnisse über die Geologie des Mondes.

Durch die Zuordnung von Farben können Wissenschaftler auf Satellitenaufnahmen verschiedene Gesteine lokalisieren. Diese Aufnahme zeigt einen Teil des Himalaja in Tibet, der überwiegend aus Granitgestein besteht, wie an der orange-braunen Farbe zu erkennen ist. Die blauen Bereiche kennzeichnen Sedimentgestein.

INSIDESTORY

Mondgestein

Am 11. Dezember 1972 betrat der Geologe Harrison „Jack" Schmitt die steinige Oberfläche des Mondes. Als Teilnehmer der Apollo-17-Mission war er der erste und zugleich letzte Geologe auf dem Mond; entsprechend groß war die Bedeutung seines Auftrags. Wie er später sagte, war der Mond „ein geologisches Paradies". Er sammelte viele Gesteinsproben, darunter Brekzie und andere Vulkangesteine, die zu einer Reihe neuer Erkenntnisse führten. Bei ihrer Untersuchung auf der Erde stellte sich heraus, dass der Mond Vulkanausbrüche, Beben und viele Asteroideneinschläge erlebt hat. Schmitts Mondausflug hatte sich bezahlt gemacht.

Diese Geologen trotzen der Hitze eines brodelnden Vulkanschlots auf der Insel Hawaii.

KARTIERUNG DES MEERESBODENS

Unter den Ozeanen erstrecken sich riesige Bergketten, tiefe Schluchten und endlose Ebenen. Moderne Instrumente und Techniken helfen, sie zu untersuchen.

Die Laufzeit abgestrahlter Echowellen, die vom Meeresboden zum Schiff zurückgeworfen werden, vermittelt ein genaues Bild unterseeischer Berge und Täler.

WÖRTERBUCH

GEOLOGIE ist die Wissenschaft von der Geschichte und dem Aufbau der Erde. Das Wort enthält die griechischen Wörter geo für „Erde" und logos für „die Kunde von".

MIKROSKOP enthält ebenfalls zwei griechische Wörter: mikros bedeutet „klein" und skopein heißt „sehen".

SCHON GEWUSST?

Mittelozeanische Rücken bedecken 23% der Erdoberfläche. Das entspricht ungefähr der Ausdehnung aller Kontinente zusammen.

In einer Tiefe von 16 km unter den südlichen Rocky Mountains findet sich dasselbe Gestein wie am Boden des Grand Canyon – Vishnu-Schiefer.

WEGWEISER

- Was wissen Geologen über das Erdinnere? Siehe **S. 10–11**.
- Wir haben die Erde eben erst betreten. Mehr dazu auf **S. 16–17**.
- Möchtest du später einmal Geologe werden? Fang gleich auf **S. 52–53** an.
- Interessiert an Fossilien? **S. 60–61**.

SEI AKTIV!

Nimm eine Kernprobe

Wissenschaftler nehmen Kernproben von der Erdkruste, um Gesteinsschichten zu untersuchen. Dazu haben sie einen Kernbohrer. Du kannst dasselbe mit Knete und einem Trinkhalm tun.

1. Roll Knete unterschiedlicher Farben zu flachen Stücken aus. Leg sie aufeinander wie einen Schichtkuchen.
2. Nimm einen weiten Plastiktrinkhalm, drück ihn in die Knete und zieh ihn wieder heraus.
3. Bitte einen Erwachsenen den Halm aufzuschneiden. So kommst du an deine „Kernprobe".

REKONSTRUKTION DER VERGANGENHEIT

Fossilien und Gesteine in den Steilwänden des Grand Canyon geben Geologen Hinweise auf die Geschichte des Canyons. Diese Geschichte begann vor mehr als zwei Milliarden Jahren. Du kannst sie nachvollziehen, wenn du der Zeitskala von unten nach oben folgst. Die Zahlen rechts geben an, wann die jeweilige Schicht entstand.

Mit Mini-Tauchbooten können Forscher Tiefseerücken (unterseeische Bergketten) aufsuchen. Dort finden sie „schwarze Schlote", aus denen kochendes Wasser austritt.

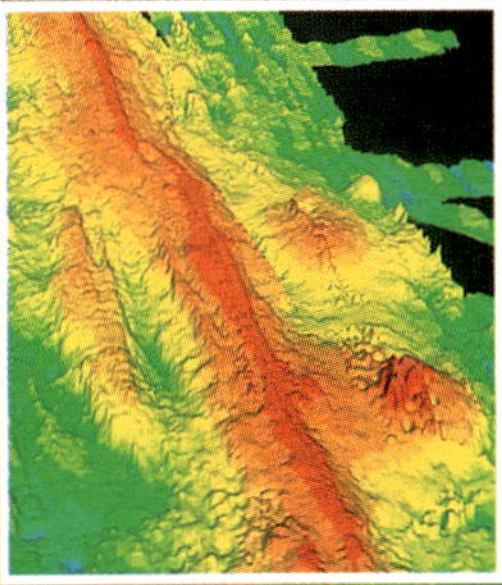

Computer helfen bei der Kartierung des Meeresbodens. Diese Karte zeigt den Mittelatlantischen Rücken. Rot kennzeichnet die höchsten, Grün die tiefsten Areale.

Torf

Anthrazit (Kohle)

Autunit (Uran)

Fossile Brennstoffe

In Schichten sedimentärer Gesteine liegen Kohle, Öl, Gas und andere Energierohstoffe verborgen. Ohne diese Brennstoffe könnten wir nicht Auto fahren, Flugzeug fliegen oder unsere Heizungen betreiben. Einer der meistgenutzten Brennstoffe ist Kohle. Wir verbrennen sie, um Wärme und Energie zu erzeugen. Kohle besteht aus den Resten ehemaliger Sumpfwälder. Während sich das Pflanzenmaterial zersetzt, wird es zu Torf. Über dem Torf entstehende Sedimentgesteine üben Druck aus. Der Druck wandelt den Torf in dunkelbraune Braunkohle um. Weiter wachsende Gesteinsschichten erzeugen einen immer stärkeren Druck, unter dem sich die Braunkohle in Steinkohle und diese schließlich in Anthrazit verwandelt, eine harte, glänzende schwarze Kohle. Je höher der Druck des auflastenden Sedimentgesteins, desto größer sind Härte und Energiegehalt der Kohle.
Da die Kohle-, Öl- und Gasvorräte der Erde begrenzt sind, sucht man nach anderen Energiequellen. Uran ist ein schweres Element mit großen Atomen, die bei der Spaltung Energie freisetzen. In Atomkraftwerken wird diese Energie in Strom umgewandelt.

Jahrhundertelang sind Bergleute tief in die Erde eingefahren, um Kohle abzubauen. Heute erledigen Maschinen den größten Teil der Arbeit.

Durch den Einfuhrschacht fahren die Bergleute in das Bergwerk ein.

Die Bergleute legen Stollen an, deren Decken mit Metallstreben abgestützt werden.

Ein offener Metallaufzug bringt die Bergleute zu der Kohlesohle.

Bei der Verbrennung von Öl, Kohle und Gas wird die Luft mit Abgasen und Ruß belastet.

UNTER DEM MEER

Erdöl und -gas entstehen unter dem Druck auflastender Gesteine aus Überresten von Meeresorganismen.

Mikroskopisch kleine Meeresorganismen sterben und sinken auf den Meeresboden. In Jahrmillionen werden sie von Sedimenten bedeckt, aus denen Gestein entsteht.

Über den toten Meeresorganismen wachsen die Gesteinsschichten. Unter ihrem zunehmenden Druck werden die Organismen allmählich in Öl und Gas umgewandelt.

WÖRTERBUCH

BARREL ist ein englisches Wort für „Fass“ oder „Tonne“ und die Maßeinheit für Erdöl. Ein Barrel entspricht 158,987 l.

URAN trägt den Namen des griechischen Himmelsgottes, Uranus.

SCHON GEWUSST?

Am Mount Wingen im Südosten von Australien brennt seit 5000 Jahren ein unterirdisches Kohlelager. Aus dem Berg, der so heiß ist, dass man nicht auf ihm laufen kann, dringt ständig Rauch hervor. Die Ureinwohner nennen den Berg deshalb „Wingen“ oder „Feuer“.

WEGWEISER

- Kohle ist ein Sedimentgestein. Interessantes darüber findest du auf S. 20–21.
- Wusstest du, dass Kohle und Diamanten aus demselben Grundstoff bestehen? Mehr dazu auf S. 34–35.

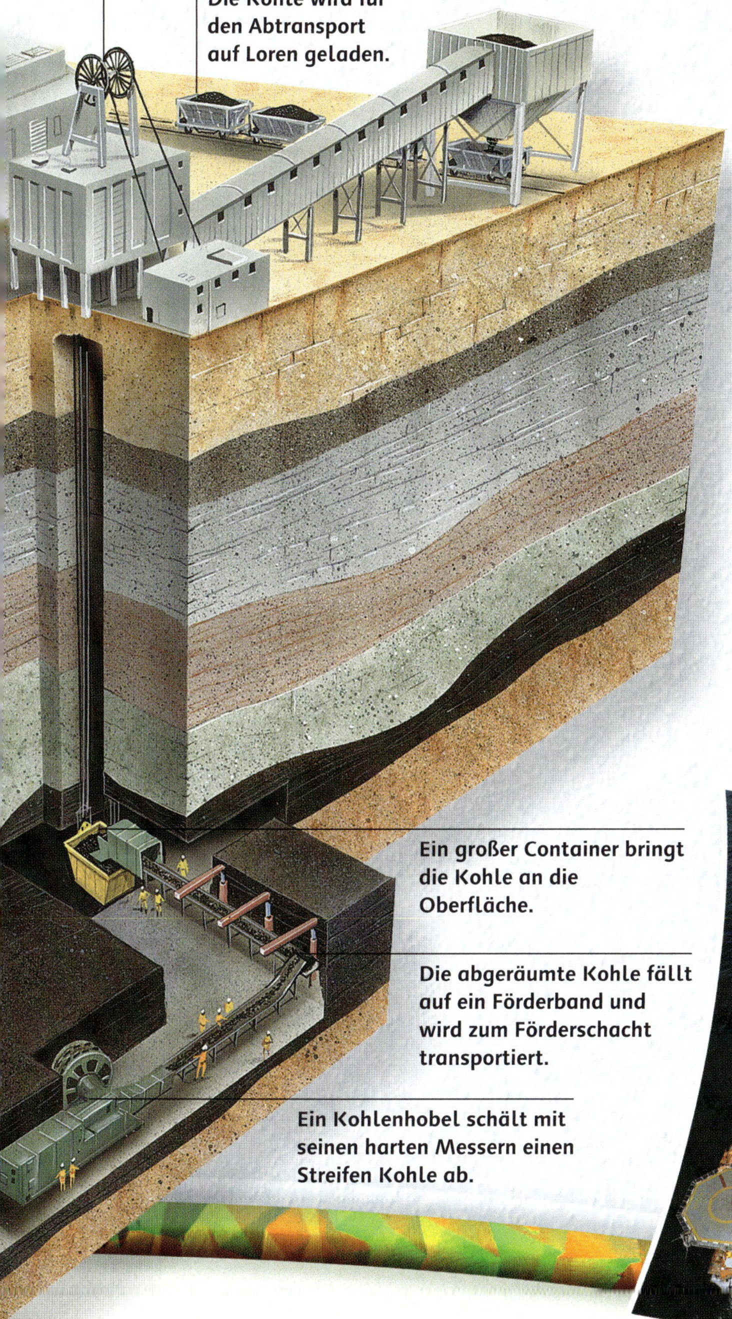

Durch den Förderschacht wird die Kohle über Tage gebracht. Ein Lüfter saugt verbrauchte Luft ab.

Die Kohle wird für den Abtransport auf Loren geladen.

Ein großer Container bringt die Kohle an die Oberfläche.

Die abgeräumte Kohle fällt auf ein Förderband und wird zum Förderschacht transportiert.

Ein Kohlenhobel schält mit seinen harten Messern einen Streifen Kohle ab.

INSIDESTORY

Der Kohlenjunge

Ich heiße Paul und arbeite in einem Kohlenbergwerk in Scranton, Pennsylvania. Das liegt in den USA. Ich muss den Schiefer mit einem Hammer von der Kohle abschlagen. Ich habe einen langen Arbeitstag und komme oft erst im Dunkeln nach Hause. Die Kohle ist dreckig. Ich bin schwarz von Staub, der mir auch in Mund und Nase dringt. Mein Boss sagt, mit unserer Kohle werden neue Dampflokomotiven betrieben. Das macht meine Arbeit wohl wichtig. Aber ich will endlich Bergmann werden. Bergleute dürften Dynamit kaufen und Steine sprengen. Vielleicht werde ich am 6. Mai 1894 befördert – an meinem elften Geburtstag.

Erdöl und Gas werden von Offshore-Ölplattformen aus gefördert. Jede Plattform hat Vorrichtungen für die Einbringung von 50 Bohrlöchern und Fördermengen von Millionen Barrel täglich. Die meisten Plattformen bleiben etwa 25 Jahre im Einsatz. Der Rekord liegt bei 60 Jahren.

Öl und Gas steigen durch poröses Gestein, zum Beispiel Sandstein, nach oben, bis ihr Aufstieg an einer Schicht undurchlässigen Gesteins, wie zum Beispiel Schiefer, endet.

Öl und Gas reichern sich in einer Kammer unter dem undurchlässigen Gestein an, das Gas oberhalb des Öls. Die Vorräte können durch Bohrungen erschlossen werden.

Rutil (Titanerz)

Grafit

Diamant

Silicium für Chips

Geologische Erkenntnisse und technische Fortschritte führten zu immer neuen Anwendungen für Gesteine und Mineralien. In den frühen 1880er-Jahren z. B. stellten zwei Brüder fest, dass Quarz, ein weitverbreitetes Mineral, unter Druck elektrischen Strom erzeugt. Diese Erkenntnis führte zur Entwicklung der Quarzuhr. Quarz ist außerdem das Ausgangsmaterial für Silicium – das Halbleitermaterial, das Strom durch elektronische Geräte leitet. Ohne Silicium gäbe es keine elektronischen Spiele und keinen Computer. Moderne Forschungslabors haben extrem feste Materialien aus Substanzen entwickelt, die aus Gesteinen und Mineralien gewonnen werden. Aus Erdöl werden eine Reihe weiterer synthetischer Fasern, Kunststoffe, Farben und Brennstoffe hergestellt. Auch in der Raumfahrt werden viele Materialien verwendet, die aus Gesteinen und Mineralien hergestellt werden. Das Metall Titan z. B. ergibt mit anderen Metallen eine feste, leichte Legierung, die nicht oxidiert.

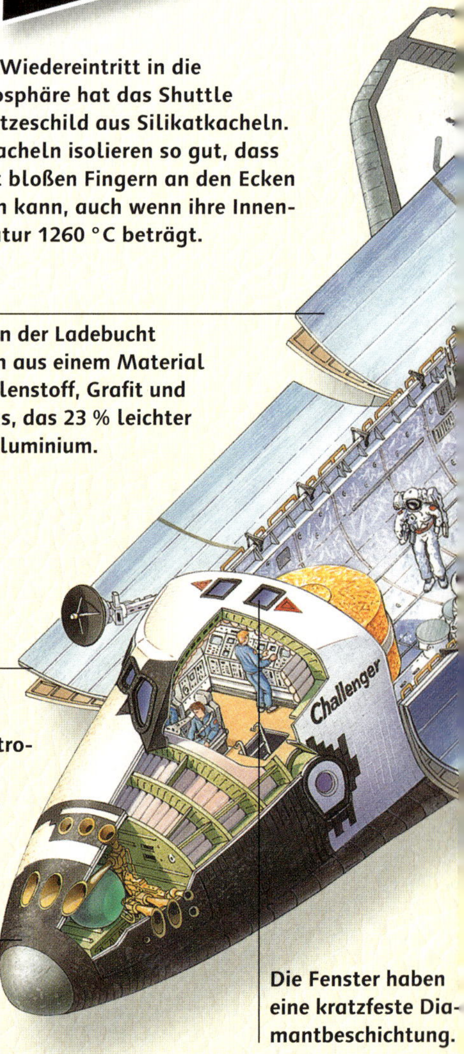

Für den Wiedereintritt in die Erdatmosphäre hat das Shuttle einen Hitzeschild aus Silikatkacheln. Diese Kacheln isolieren so gut, dass man mit bloßen Fingern an den Ecken anfassen kann, auch wenn ihre Innentemperatur 1260 °C beträgt.

Die Türen der Ladebucht bestehen aus einem Material aus Kohlenstoff, Grafit und Fiberglas, das 23 % leichter ist als Aluminium.

Kevlar-Blenden an den Fenstern schützten die Astronauten vor dem gleißenden Licht der Sonne.

Die besonders gefährdete Nase ist kohlenstoffverstärkt.

Die Fenster haben eine kratzfeste Diamantbeschichtung.

INSIDESTORY

Zwei Brüder, eine Idee

1880 machten die Brüder und Chemiker Jacques und Pierre Curie ein Experiment. Mit einer Spezialsäge sägten sie eine dünne Quarzscheibe ab. Dann brachten sie auf jeder Quarzseite ein Zinnblech an. Der Quarz kam in einen Apparat, der das Zinn fest an das Mineral drückte. Der Druck erzeugte einen schwachen Stromfluss in dem Quarz. Die Brüder freuten sich über ihren Erfolg. Doch erst in den 1920er-Jahren erkannten Wissenschaftler, dass das – als Piezoelektrizität bekannte – Phänomen für den Betrieb von Uhren verwertbar war. Heute werden viele Uhren mit kleinen schwingenden Quarzkristallen betrieben.

Von einer Batterie angeregt, schwingt der Quarzkristall in einer Uhr 32 786-mal pro Sekunde. Eine elektronische Schaltung zählt die Schwingungen und unterteilt sie in Sekunden, Minuten und Stunden.

Die Gläser dieser Sonnenbrille haben eine kratzfeste Diamantbeschichtung, die ursprünglich zum Schutz der Fenster des Spaceshuttles entwickelt wurde.

WÖRTERBUCH

Aus dem Mineral **GRAFIT**, einer weichen schwarzen Form des Kohlenstoffs, werden Bleistiftminen gemacht. Das Wort kommt vom griechischen graphein, „schreiben".

PIEZOELEKTRIZITÄT enthält das griechische piezein, „pressen".

TITAN ist nach den griechischen Göttern, den Titanen, benannt.

SCHON GEWUSST?

Auf einem Siliziumchip von der Größe eines Hemdknopfs können Hunderttausende von elektrischen Komponenten untergebracht sein.

95 % des heute geförderten Titans wird zur Herstellung eines Pigments verwendet, das Papier, Farben und Kunststoffe brillantweiß macht.

WEGWEISER

- Viele Gesteine enthalten Quarz, eines der häufigsten Mineralien. Mehr dazu auf **S. 54–55**.
- Diamanten entstehen tief in der Erdkruste. Schlag **S. 34–35** auf. Dort erfährst du, wie sie an die Oberfläche gelangen.

Hitzebeständige Silikatkacheln schützen die vorderen Kanten des Leitwerks und die Unterseite des Shuttles vor der enormen Reibungswärme beim Wiedereintritt in die Erdatmosphäre.

Ein Hitzeschild aus Titan schützt das Orbitale Manövriersystem.

Die vorderen Tragflächenkanten sind kohlenstoffverstärkt.

Der Aluminiumrahmen ist robust, aber leicht.

Für die Raumfähre der NASA, den Spaceshuttle, wurden spezielle Materialien aus Gesteinen, Mineralien und den daraus isolierten Stoffen entwickelt.

Dieses Snowboard ist innen kevlarverstärkt. Kevlar, für die Raumfahrt entwickelt, ist eine aus Erdöl hergestellte Faser und fünfmal fester als Stahl.

CHIPS

Kleine Siliziumkristalle, auf denen winzige Schaltkreise sitzen, verarbeiten die Informationen in einem Computer. Die Kristalle stammen aus quarzhaltigen Gesteinen.

In der ersten Phase wird Quarz in einer Kohlenstoffumgebung erhitzt. Es entsteht flüssiges Silicium.

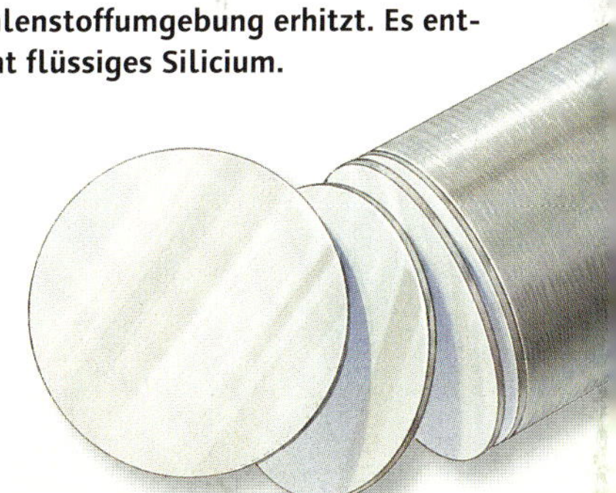

In die Schmelze taucht man einen Ausgangskristall, um den das Silicium einen größeren Kristall bildet. Dieser Kristall wird in Wafers geschnitten.

Der Wafer wird in Hunderte von Rechtecken unterteilt, die Chips. In jeden Chip werden mikroskopisch kleine Schaltungen geätzt.

Die Chips werden ausgeschnitten und in Keramikplatinen eingesetzt. Die Leistungsfähigkeit eines Chips reicht für einen kleinen Computer.

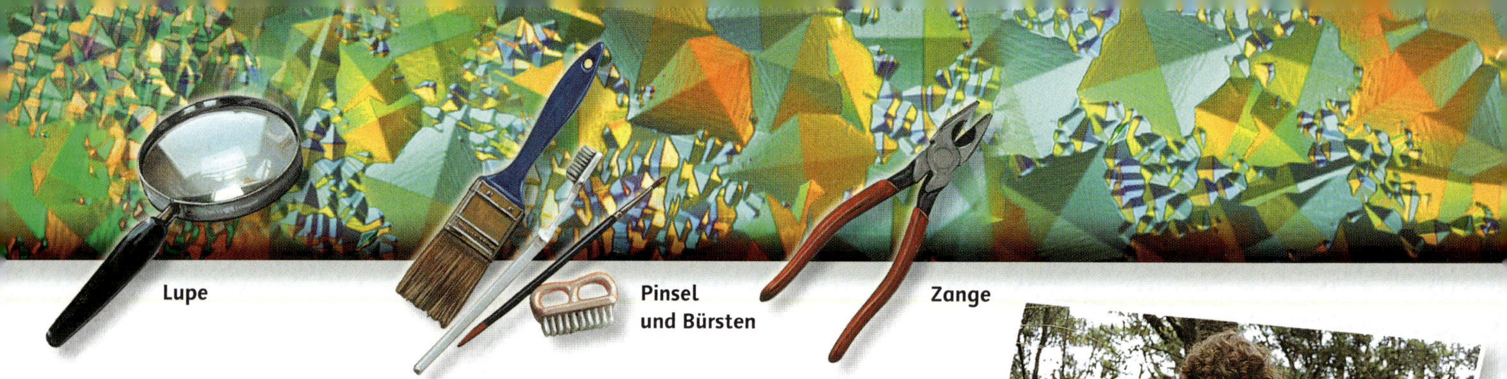

Geh unter die Sammler

Hast du Lust bekommen, Sammler zu werden? Es ist ganz leicht und du brauchst nicht viel an Ausrüstung – lediglich einen Geologenhammer, einen Rucksack für die Handstücke, ein Notizbuch, einen Stift, eine Schutzbrille, Zeitungspapier und einen Taschenführer für Gesteine und Mineralien.
Die Suche lohnt sich fast überall. Sieh dich zuerst im Hof hinter eurem Haus um. Wenn ihr keinen habt oder dort nicht viel zu finden ist, geh an ein Flussufer oder dahin, wo Felsen frei zutage liegen. Aber achte auf fallende Steine und vermeide gefährliche Orte wie Steinbrüche. Es ist sicherer und macht mehr Spaß, mit Freunden auf Sammeltour zu gehen. Betritt kein privates Gelände ohne Erlaubnis, und benimm dich dann wie ein Gast. Lass liegen, was deine Sammlung nicht wirklich bereichert!
Schreib von jedem Fund Ort und Datum auf. Überschüssiges Gestein kannst du mit Hammer oder Zange abschlagen. Setz aber vorher die Schutzbrille auf. Wickle den Stein in Zeitungspapier und leg ihn in den Rucksack. Säubere und nummeriere ihn zu Hause. Übertrag die Notizen auf eine Karteikarte und leg den Stein in deine Sammlung.

Die Lupe hilft dir, einen Fels genauer zu betrachten. Ist er rau oder glatt? Kannst du die Mineralien in dem Fels bestimmen?

Schreib Einzelheiten über den Fund auf eine Karteikarte. Notier auch Ort und Datum.

Ein kleines Regal eignet sich vorzüglich als Schaukasten für deine geologischen Handstücke.

SEI AKTIV!

Mach dir einen Schaukasten

Aus einem Eierkarton kannst du einen einfachen Schaukasten für deine Gesteins- und Mineralfunde machen. Du brauchst die Mulden nur mit Watte oder Papiertüchern auszulegen. Der Eierkarton ist ideal für kleine Handstücke und vor allem praktisch, wenn du deine Steine einmal irgendwohin mitnehmen willst. Für einen größeren Schaukasten brauchst du eine große Pappschachtel mit niedrigen Seiten. Stell kleinere Schachteln als Fächer hinein oder mach Unterteilungen mit Pappstreifen von der Länge und Breite der Schachtel. Schneide Schlitze in die Streifen und steck sie ineinander.

HANDSTÜCKE VORBEREITEN

Pack deine Fundstücke zu Hause vorsichtig aus dem Zeitungspapier aus. Um sie zu katalogisieren, geh wie beschrieben vor.

Säubere den Stein mit Wasser, Seife und einer Zahn- oder anderen weichen Bürste. Tu dies aber nur, wenn er nicht brüchig ist!

WÖRTERBUCH

Gesteine und Mineralien in Sammlungen bezeichnet man als **HANDSTÜCKE**, weil sie klein und handlich sind und sich leicht transportieren lassen.

MUSEUM geht auf das lateinische museum zurück, den „Ort der Bildung". Dieses wiederum kommt vom griechischen museion, das so viel wie „Ort der Musen" bedeutet. In Museen kann man schöne und seltene Dinge betrachten.

SCHON GEWUSST?

Mindestens 2,3 Millionen Jahre ist es her, dass Menschen Steine zu sammeln begannen – um sie als Werkzeuge zu benutzen.

Das Natural History Museum in London, England, besitzt eine der größten Gesteinssammlungen der Welt. Sie umfasst 350000 Mineralien und 100000 Steine.

WEGWEISER

- Zur Bestimmung von Steinen und Mineralien schlag **S. 54–55** auf.
- Was ist der Unterschied zwischen Gesteinen und Mineralien? **S. 28–29**.
- Weitere Tipps für Sammler findest du auf **S. 56–57**.
- Was Sammler am Meer alles finden können, steht auf **S. 58–59**.

INSIDESTORY

Sammler aus Leidenschaft

Der australische Amateur-Sammler Albert Chapman hat eine der wertvollsten Privatsammlungen der Welt zusammengetragen. Schon als Kind war er oft im Hafen unweit seines Elternhauses unterwegs, um Steine aufzulesen. Später bereiste er das Land auf der Suche nach schönen Handstücken. Albert besuchte Bergwerke und überredete Bergleute, ihm hin und wieder einen Stein zu verkaufen. Er tauschte Handstücke mit Geologen, Museen und anderen Sammlern. Seine eigenen Funde waren ihm jedoch die liebsten. „Nur was du selbst sammelst, gibt dir den richtigen Kick", pflegte er zu sagen. Albert starb 1996. Seine unvergleichliche Sammlung hat er dem Australian Museum in Sydney vermacht, wo sie von Besuchern bewundert werden kann.

Museen zeigen, wie man Sammlungen arrangieren kann. Am besten ordnest du die zuvor bestimmten und beschrifteten Handstücke nach Gruppen – nach Fundort vielleicht oder eingeteilt in magmatische, sedimentäre und metamorphe Arten. Heb empfindliche Handstücke in Schubladen oder Schachteln auf.

Betrachte deinen Fund genau unter der Lupe. Vergleich ihn mit Fotos in einem Führer für Gesteine und Mineralien.

Empfindliche Handstücke solltest du in einer Schublade aufbewahren.

Unterteil die Schublade mit Pappstreifen in kleinere Fächer oder leg jedes Stück in ein eigenes Kästchen.

Bei einem Museumsbesuch kannst du viel über die Geologie eurer Gegend lernen. Landeskundliche Museen haben oft große Glasschaukästen voller Gesteine und Mineralien. Vielleicht erkennst du welche, die du in deiner Sammlung hast.

Bring auf der Unterseite des Fundstücks mit weißer Farbe oder Korrekturflüssigkeit einen kleinen Fleck an. Lass die Farbe trocknen.

Beschrifte den weißen Fleck mit einer Nummer, die du auch auf eine Karteikarte schreibst. Auf die Karte kommen dann alle das Fundstück betreffenden Daten.

Strichfarbe von Lapislazuli auf unglasierter Kachel

Strichfarbe von Hämatit auf unglasierter Kachel

Strichfarbe von Malachit auf unglasierter Kachel

Gesteine unter der Lupe

Glanz, Dichte und Härte bei Gesteinen und Mineralien sind Eigenschaften, die für die Bestimmung wichtig sind. Farben, Oberflächen und Mineralarten in einem Gestein sagen etwas über seine Entstehung aus. Je mehr du darüber lernst, desto spannender wird die Suche nach seltenen Stücken.

Wenn du einen interessanten Stein findest, sieh ihn dir gut an. Besteht er aus einem einzigen Mineral oder mehreren? Es gibt mehr als 600 grundlegende Gesteinsarten. Also taste dich Schritt für Schritt heran.

Versuch zunächst die Art herauszufinden: Ist er sedimentär, vulkanisch oder metamorph? Dinge wie Form, Größe, Anordnung und Verteilung der Kristalle geben dir einen Hinweis. So haben z. B. die meisten Tiefengesteine große bis mittelgroße Mineralkörner, die mit bloßem Auge zu erkennen sind.

Bei großen Kristallen in dem Stein kannst du vielleicht die Mineralien bestimmen. Quarz- und Calcitkristalle z. B. können ähnlich aussehen, aber Quarz ist härter und hinterlässt Kratzer auf dem Calcit.

Wenn du einen Stein nicht gleich erkennst, nimm ihn auf. Ist er schwer für seine Größe? Welche Farbe hat er? Weist er Besonderheiten auf, z. B. große Kristalle, verschiedenfarbene Bänder oder Kieselklumpen?

Magmatische Gesteine können große, gut ausgebildete Kristalle enthalten. Kennzeichnend sind die einheitliche Oberfläche und die gleichmäßige Farbverteilung.

Sedimentärgestein besteht oft aus unterschiedlich körnigen Schichten oder kann wie aus verschiedenem Gestein zusammengesetzt aussehen. Glanz und gut ausgebildete Kristalle sind selten. Sind Fossilien vorhanden, handelt es sich vermutlich um sedimentäres Gestein.

Milchquarz

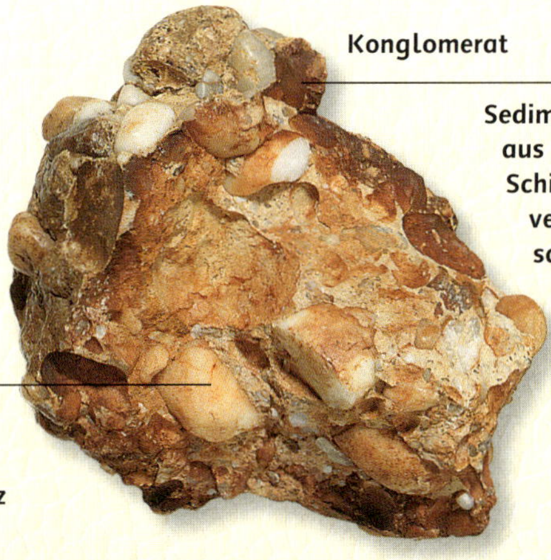

Konglomerat

Dieser sedimentäre Stein ist ein Konglomerat. Er besteht aus Milchquarzkristallen, die zwischen kleineren Fragmenten aus Sand, Lehm und Eisenoxid eingelagert sind.

Granit

Feldspat

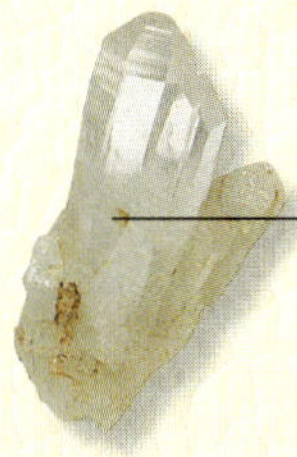

Quarz

Glimmer

In diesem Granit siehst du die großen Quarz-, Feldspat- und Glimmerkristalle schon mit bloßem Auge.

INSIDESTORY

Ein Mineraloge und sein Buch

Steine werden seit Jahrtausenden gesammelt. Das erste mineralogische Lehrbuch erschien jedoch erst 1546. Sein Titel war „De natura fossilium" und sein Verfasser ein deutscher Naturforscher namens Georg Bauer oder lateinisch Georgius Agricola. Er arbeitete als Arzt in der böhmischen Stadt St. Joachimstal, einem Zentrum des Silberbergbaus. Agricola, der sich durch tägliche Besuche der Minen ein großes Wissen aneignete, war der Erste, der Mineralien nach Form, Farbe, Härte und Glanz klassifizierte – genau wie wir es heute noch tun.

WÖRTERBUCH

Die **MOHS-HÄRTESKALA** ist nach dem österreichischen Mineralogen Friedrich Mohs benannt, der sie 1822 aufstellte.

Sammler verwechseln **APATIT** oft mit anderen Mineralien, wie z. B. Aquamarin, Olivin und Fluorit, denen er täuschend ähnlich sein kann. Apatit hat seinen Namen von dem griechischen Wort apatein, das „täuschen" bedeutet.

SCHON GEWUSST?

Der Diamant ist zwar das härteste Mineral, aber er kann brechen. Er zerbricht z. B. in kleine Stücke, wenn man mit einem Metallhammer darauf schlägt. Versehentlich ist mancher gute Diamant so schon kaputtgegangen.

Das verbreitete Mineral Calcit ist ein Meister der Täuschung. Es kommt in mehr als 300 Kristallformen vor – so vielseitig ist kein anderes Mineral.

WEGWEISER

- Der Ursprung magmatischer Gesteine ist auf S. 18–19 beschrieben.
- Ein Experiment zur Entstehung von Sedimentschichten steht auf S. 20.
- Metamorphes Gestein und alles über die Rolle von Wärme und Druck findest du auf S. 22–23.
- Näheres zum Habitus: S. 28–29.

Dieser Gneis hat eine raue Oberfläche und gefaltete Schichten aus hellen und dunklen Mineralien. Gneis kann ähnlich wie Granit aussehen, hat in der Regel aber Kristalle, die in Schichten und nicht einzeln angeordnet sind.

Gebänderter Gneis

Feldspat

Quarz

Biotit

Viele metamorphe Gesteine weisen Bänder aus hellen und dunklen Mineralien auf oder Schichten aus blättrigen Mineralien. Andere, wie z. B. Marmor, sind einheitlicher gefärbt und bestehen aus kleinen, verdichteten Kristallen.

DIE MOHS-HÄRTESKALA

Die Mohs-Skala verzeichnet zehn Mineralien in der Reihenfolge vom weichsten zum härtesten. Wenn du mit einem Quarz an einem unbekannten Mineral entlangstreichst und er hinterlässt einen Ritz, so weißt du, dass das Mineral weicher als Quarz ist. Für den Härtetest kannst du auch die Gegenstände rechts nehmen.

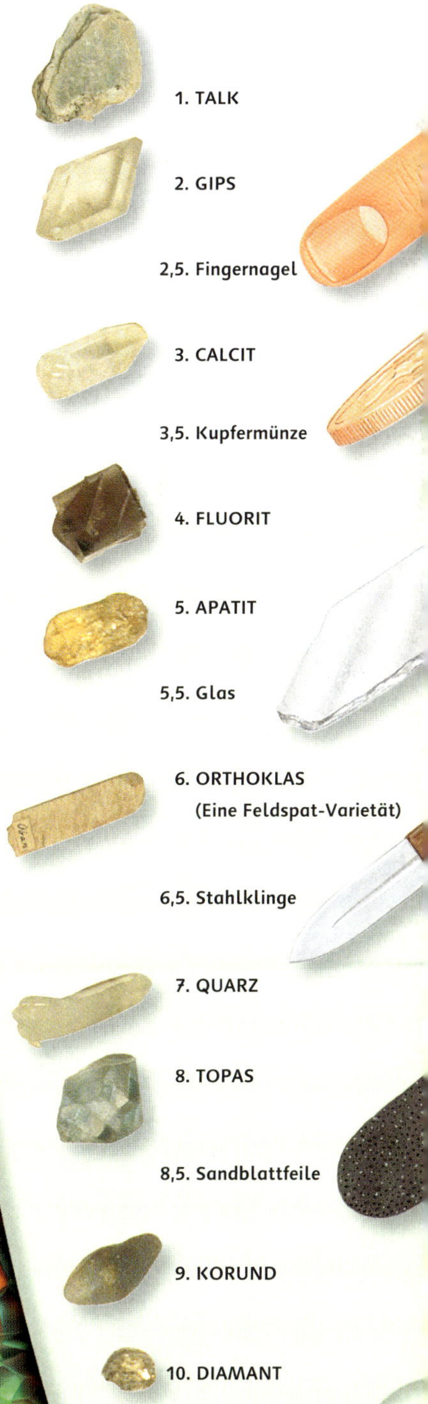

SEI AKTIV!

Testverfahren

Dies sind die Schritte zur Bestimmung eines Minerals:

1. Mach Notizen über das Aussehen. Welche Farbe hat das Mineral? Ist es transparent (durchsichtig) oder opak (undurchsichtig)? Ist es glänzend oder matt? Welchen Habitus (Form) hat es?
2. Mach den Strichtest und streich mit dem Mineral über eine unglasierte weiße Porzellankachel (die Rückseite einer Keramikkachel tut's auch). Welche Farbe hat der Strich? Auf der gegenüberliegenden Seite oben siehst du Beispiele.
3. Halt das Mineral in der Hand oder nimm eine Waage. Manche Mineralien wiegen mehr als andere der gleichen Größe. Ein Stück Pyrit z. B. ist viel schwerer als ein Stück Schwefel der gleichen Größe.
4. Mach den Härtetest, der rechts beschrieben ist. (Pass aber auf, dass du deinen Fund nicht beschädigst.) Welche Härte hat dein Mineral?

Vergleich deine Testergebnisse mit den Angaben über Farbe und Glanz, Gewicht, Strichfarbe, Härte usw. in einem guten Handbuch.

Helm und Schutzbrille

Rucksack für die Fundstücke

Hammer und Meißel

Ein Ausflug in die Berge

Berge und Gebirge sind Fundgruben für Gesteinssammler. Hier erwarten dich natürliche Landschaften, wie zerklüftete Gipfel, raue Felsen und tiefe Flusstäler. Dazu kommen Straßen und Bahnstrecken, an deren Rand oft interessante Dinge auftauchen. An neu angelegten Straßen, wo Felsen weggesprengt wurden, findest du perfektes Anschauungsmaterial. Oft werden dabei Gesteinsschichten sichtbar, die vorher verborgen waren und die noch nicht von Pflanzen überwuchert oder verwittert sind. An solchen Stellen kannst du vielleicht die Schichten eines Sedimentgesteins genauer betrachten. Jede Schicht hat ihre eigene Farbe und eigene Mineralien. Bei magmatischem oder metamorphem Gestein erkennst du vielleicht Mineraladern, die es durchziehen, oder schöne große Kristalle. Pass aber auf den Verkehr auf, wenn du dir ein genaueres Bild verschaffen willst.

Interessant sind auch Bergbäche, die Steine und Mineralien transportieren. An ihren Ufern kannst du schöne Exemplare finden. Dort gibt es außerdem durch Erosion und Hebung freigelegte Felsen, die in der Regel aus harten Mineralien bestehen.

Hier sind zwei Verwerfungen in Sedimentschichten zu sehen, die durch Bewegungen in der Erdkruste entstanden.

Flüsse graben V-förmige Täler. Durch neuerliche Hebung oder an Verwerfungen und Klüften können Schluchten entstehen.

Bei Straßenbauarbeiten kommen oft Schichtungen und interessante Formationen zum Vorschein.

SEI AKTIV!

Feldnotizen

Wenn du ins Feld gehst, wie man sagt, nimm immer ein Notizbuch mit, in das du deine Beobachtungen eintragen kannst. Am besten ist eins mit einem harten, wasserabweisenden Einband. Jedes Mal, wenn du eine interessante geologische Formation (siehe unten) siehst, fertige eine Skizze von der Lage an. Versuch, die Formation selbst zu zeichnen. Bei einem Straßendurchstich sollte die Zeichnung alle Gesteinsschichten, Verwerfungen oder Klüfte zeigen. Schreib die Gesteinsarten dazu, wenn du sie kennst. Du kannst auch ein Foto machen. Auf diese Weise wird aus deinem Notizbuch bald ein faszinierendes Verzeichnis der Geologie in eurer Gegend.

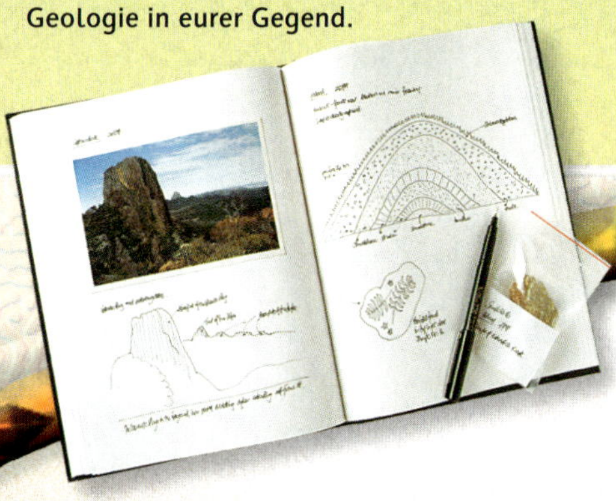

GESTEIN MIT FALTEN

Diese Landmarken sind Zeugnisse dramatischer Ereignisse in der Vergangenheit einer Landschaft. Die Illustrationen helfen dir, solche Landmarken zu erkennen, und zeigen, worauf du achten solltest, wenn du sie siehst.

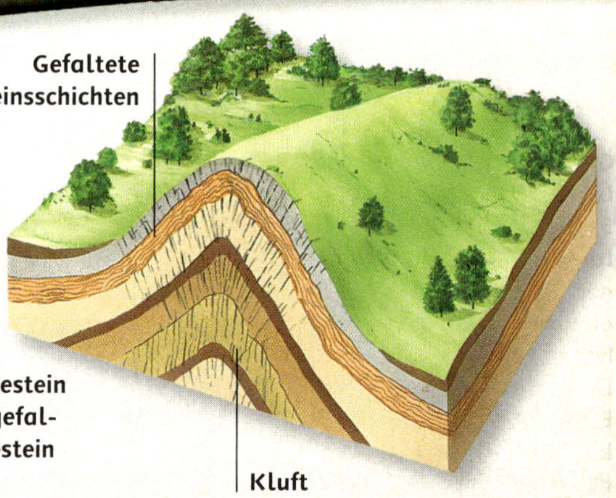

Faltung nennt man die Wellung von Gesteinsschichten, deren Ursache die Stauchung des Gesteins durch Plattenbewegungen ist. Aufwärts gefaltetes Gestein nennt man Antiklinale, abwärts gefaltetes Synklinale. Einen Riss im Gestein bezeichnet man als Kluft.

WÖRTERBUCH

Berge, Täler und Ebenen bilden die **TOPOGRAFIE** einer Landschaft. Das Wort kommt von griechisch topos, „Ort“, und graphein „schreiben“.

Ein **DRUMLIN** ist ein von einem Gletscher aufgebauter ovaler Hügel. Die Bezeichnung geht auf irisch druim für „schwarz“ oder „Bergrücken“ zurück.

Ein **OS** (Mz.: Oser) ist ein langer, vom Schmelzwasser des Gletschers aufgebauter Wall aus Sand und Geröll.

SCHON GEWUSST?

In der letzten Eiszeit hat ein Gletscher ein 610 m tiefes Tal in die Rocky Mountains geschrammt.

Der winzige Staat San Marino in Italien steht auf dem Kopf! Man hat herausgefunden, dass die Gesteinsschichten unter dem Land vor Jahrmillionen tektonisch gewendet wurden.

WEGWEISER

- Gletscher sind gigantische Eisflüsse. Mehr auf **S. 14–15**.
- An Straßen- und Eisenbahnen kann fossilführendes Gestein zutage kommen. Zu Fossilien: **S. 60–61**.
- In Flüssen werden Edelmetalle wie Gold und Silber gefunden. Schlag **S. 32–33** für nähere Informationen auf.

Von einer Anhöhe aus kannst du nach viel versprechenden Orten für deine Suche nach Mineralien Ausschau halten. z.B. Straßen oder Eisenbahnstrecken, Flüssen, die Geröll und Kiesel führen, U-förmigen Tälern, die von Gletschern zurückgelassen wurden. Denk aber auch an die näher liegenden Jagdgründe wie Klippen und aus der Erde ragenden Felsbrocken.

INSIDESTORY

Die Geschichte der Schichten

William Smith war der erste Forscher, der die Bedeutung der Schichtung von Gesteinen erkannte. Smith arbeitete in den 1790er-Jahren als Landmesser in England. In Kohlenbergwerken und an Kanälen in verschiedenen Teilen des Landes stellte er fest, dass sie ähnliche Gesteinsschichten enthielten. Vergleiche von Fossilien in den Schichten ergaben, dass sie überall in derselben Reihenfolge auftraten. Er schloss daraus, dass die Schichten sich übereinander aufgebaut hatten, sodass die untersten die ältesten und die obersten die jüngsten waren. Smith erstellte die erste geologische Karte Englands und gab Geologen eine völlig neue Grundlage für die Betrachtung einer Landschaft.

U-förmige Täler sind die Hinterlassenschaft von Gletschern.

Härteres Gestein überragt weicheres, erodiertes Gestein.

Steilklippen zeigen Schichtungen, Faltungen und Verwerfungen.

In Steinbrüchen werden Gesteinsschichten freigelegt.

Flüsse lagern an ihren Biegungen Kies und Geröll ab.

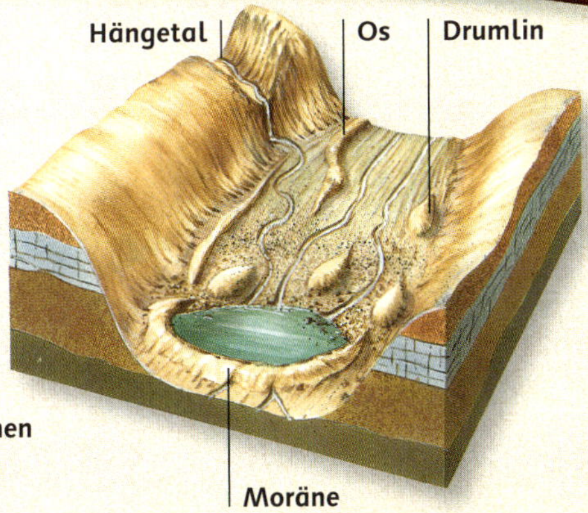

Gletscher formen die Landschaft. Sie können Schotterhügel hinterlassen, die man Moränen oder Oser nennt, oder neue Landmarken hervorbringen wie Drumlins und Hängetäler. Ein Hängetal weist auf einen kleineren Gletscher neben dem Hauptgletscher hin.

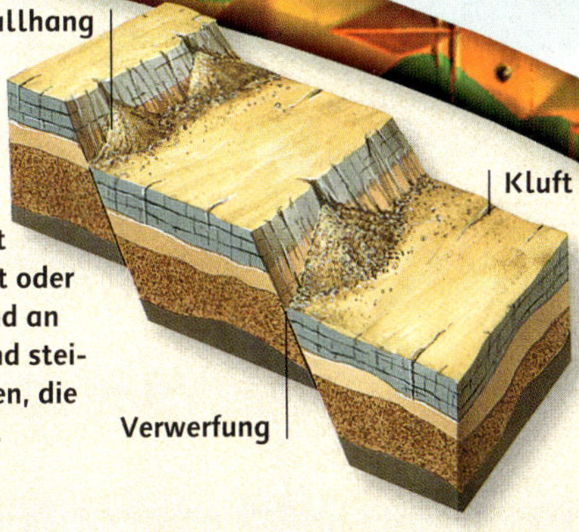

Eine Verwerfung entsteht, wenn die Erdkruste durch Plattenbewegungen gedehnt oder gestaucht wird und Land sich hebt oder senkt. Verwerfungen sind an versetzten Schichten und steilen Wänden zu erkennen, die man Prallhänge nennt.

Küstenwache

Die Küste ist ideal für geologisch Interessierte. Wasser und Wind bringen fantastische Formen hervor. An Steilufer krachende Wellen formen steinerne Bögen, Höhlen, Terrassen und Felssäulen. Flüsse lagern Schlick, Kies und Schlamm an ihrer Mündung ab. Böige Winde türmen Sand zu Dünen auf. All dies geschieht Stück für Stück; nur nach Unwettern siehst du manchmal große Veränderungen.

Dieselben Naturkräfte schleifen Kiesel und Muscheln zu Prachtexemplaren für deine Sammlung. So manches Stück hat einen weiten Weg hinter sich, z.B. Kieselsteine, die Flüsse von ihrem Oberlauf mitgebracht haben. Hohe Wellen und starke Meeresströmungen sind imstande, Steine und Sand von einem Strand zum anderen zu tragen.

Die Küste verändert sich ständig. Flüsse transportieren tonnenweise Sedimente, die sich anhäufen und den Verlauf einer Meeresströmung ändern können – eine Gefahr für kleine Boote. Bröckelnde Klippen können einstürzen und Häuser in den Abgrund reißen. Aber diese Veränderungen bringen auch ständig neue Mineralienexemplare, Gesteinsformationen und Fossilien ans Tageslicht – Zeugen der mächtigsten Gestaltungskräfte der Erde.

Aus diesem Blasloch in Westaustralien schießt das Wasser wie eine Fontäne empor. Das Loch ist das Werk der Brandung, die sich erst einen Weg durch schwächeres Gestein am Fuß der Klippe und dann durch das Deckgestein bahnte. Bei jeder großen Welle wird Wasser durch das Loch hochgedrückt.

EIN WERK DER WELLEN

In einem Prozess, der Jahrhunderte dauern kann, trennen Wellen von Steilküsten manchmal sogenannte Brandungssäulen ab.

Die Erosion formt Landspitzen, die ins Wasser ragen. Wellen, die gegen eine Landspitze schlagen, waschen Höhlen aus, wenn sie auf weiches Gestein treffen.

WÖRTERBUCH

KÜSTE kommt von dem lateinischen Wort costo für „Seite".

LAGUNE, ein von Sandablagerungen abgetrennter seichter Meeresteil, kommt von lateinisch lacuna für „Weiher".

NEHRUNG, der einem Strandsee vorgelagerte schmale Sandstreifen, ist mit englisch „narrow" (eng) verwandt.

SCHON GEWUSST?

In Cape Cod im US-Bundesstaat Massachusetts schlagen täglich etwa 10 000 Wellen gegen die Küste, und die Steilklippen weichen jährlich 1 m zurück. 1996 wurde der 1857 erbaute Leuchtturm von Cape Cod 137 m vom Rand der Klippe zurückversetzt, damit er nicht abstürzte.

WEGWEISER

- Erosion kann Regionen von Grund auf verändern. Siehe **S. 14–15**.
- Kiesel und Gehäuse am Meeresboden können zu Sedimentgestein werden. Wie, ist auf **S. 20–21** beschrieben.
- Wie du vorgehst, wenn du die vielen an Küsten gefundenen Gesteine bestimmst, kannst du auf **S. 54–55** lesen.

An der Küste findest du Gesteine aller Formen, Farben und Größen. Die Brandung bringt Kiesel und Steine ins Rollen, die sich gegenseitig abschlagen, glätten und polieren. Im Laufe von Jahrhunderten zerkleinern die Wellen Gestein zu Sand.

SEI AKTIV!

Noch einmal Glück gehabt

Am 17. Januar 1990 wollten sich die 18-jährige Kelli Harrison und ihr Cousin David Darrington die London Bridge ansehen, einen spektakulären Doppelbogen an der australischen Südostküste. Die beiden hatten die „Brücke" gerade überquert, als sie „ein lautes Platschen" hörten. Sie drehten sich um und sahen, dass der Weg, den sie gerade gekommen waren, verschwunden war. „Wären wir nur 30 Sekunden später dran gewesen", sagte Kelli, „hätten wir das nicht überlebt." Die Wellen, die seit Jahrtausenden an den Sand-und Kalksteinklippen fraßen, hatten an diesem Tag den Widerstand der jahrhundertealten Brücke gebrochen. Glücklich, am Leben zu sein, warteten Kelli und David geduldig auf der neuen Brandungssäule, bis ein Hubschrauber kam.

Die unablässig anbrandenden Wellen schneiden tiefer in die Landspitze. Die Höhlen werden größer, bis sie aneinander angrenzen. Es entsteht ein Bogen.

Wenn der Bogen einstürzt, bleibt eine Brandungssäule stehen. Unter dem anhaltenden Ansturm der Wellen können weitere Säulen entstehen.

Rhacopteris
Pflanzenfossil

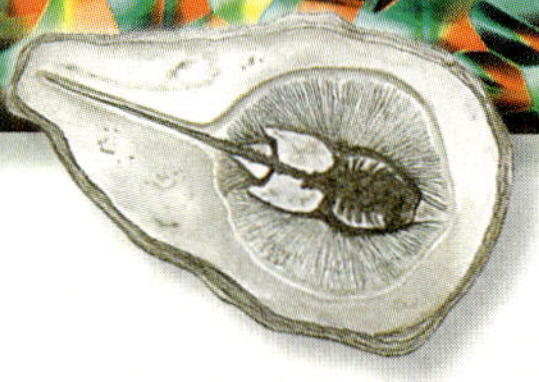
Heliobatus
Rochenfossil

Eukalyptus
Pflanzenfossil

Die Jagd auf Fossilien

Fossilien sind Überreste prähistorischer Pflanzen oder Tiere, die wir in Form von Knochen, Fußspuren, Abdrücken und anderem vorfinden. Fossilien entstehen, wenn Lebewesen in Sümpfen, Seen, Flüssen oder Meeresablagerungen absterben. Werden die Sedimente zu Gestein, bleibt der Abdruck der Lebensform darin erhalten. Manchmal verdrängen Mineralien Teile der toten Tiere oder Pflanzen und wandeln sie in Gestein um.

Wenn wir bestimmte Fossilien finden, können wir sagen, wie das Klima vor Millionen von Jahren war. Fossile Korallenriffe im Osten der USA deuten z. B. darauf hin, dass sich dort einst ein tropisches Meer erstreckte.

Fossilien eignen sich auch zur Datierung, da wir wissen, wann bestimmte Pflanzen und Tiere gelebt haben. Kommen sie in einem Gestein vor oder nicht, ist dies ein Hinweis auf sein Alter.

Fossilien findest du am ehesten in Sedimentgestein, wie Sandstein oder Schiefer. Kalkstein enthält oft Fossilien von Meerestieren. Ordne deine Funde nach Kategorien wie Wirbeltiere und wirbellose Tiere oder Pflanzenarten. Die schönsten Stücke solltest du mit deinen Steinen ausstellen.

Diese steinernen Baumstämme sind Reste urzeitlicher Bäume. Ihr organisches Material „verkieselte", d. h. es wurde nach und nach durch Mineralien kieselsäurehaltiger Lösungen ersetzt. So kam es zu der Versteinerung.

Diese schillernde Muschel ist ein Fossil. In diesem Fall hat eine kieselsäurehaltige Lösung den Hohlraum ausgefüllt, den das Tier hinterlassen hatte, oder das Tier allmählich verdrängt. Die Kieselsäurelösung kristallisierte zu Opal.

SEI AKTIV!

Fossilienkennerin

Zu Beginn des 19. Jahrhunderts war sich die Wissenschaft gerade einig geworden, dass Fossilien wichtige Anhaltspunkte für die Entwicklung des Lebens auf der Erde darstellten. Museen und Universitäten begannen nach fossilen Überresten jeglicher Art zu suchen. In der englischen Stadt Dorset half Mary Anning ihrem Vater beim Sammeln und Verkauf fossiler Schalentiere von der örtlichen Küste. Eines Tages im Jahr 1811 – Mary war zwölf Jahre alt – entdeckte sie in dem Gestein einen ungewöhnlichen, weißlichen Gegenstand.

Sie löste ihn vorsichtig mit ihrem Hammer und sah, dass es ein Skelett war. Man identifizierte es später als das erste vollständige Fossil eines Ichthyosauriers, eines delfinartigen Lebewesens, das vor 245 bis 65 Millionen Jahren gelebt hatte. Mary fand noch viele andere Fossilien, von denen einige im Londoner British Museum ausgestellt sind.

Dieses Insekt geriet vor Jahrmillionen in einen Tropfen Baumharz. Das Harz härtete zu Bernstein aus, in dem die Lebensform einer lang vergangenen Zeit perfekt konserviert wurde.

Wollmammut, im Eis konserviert

Stegosaurus Skelett

WÖRTERBUCH

FOSSIL geht auf das lateinische fodere zurück, das „ausgraben" heißt.

Mit den Fossilien befassen sich die **PALÄONTOLOGEN**. Dieses Wort ist aus dem Griechischen abgeleitet: palaios heißt „alt", onta heißt „Existierendes" und logos ist „die Kunde von".

In **TRILOBIT** stecken die griechischen Wörter tri für „drei" und lobos für „Lappen". Der Name bezieht sich auf die Dreiteilung des Rückenpanzers.

SCHON GEWUSST?

Das längste vollständige Dinosaurierskelett wurde aus Resten rekonstruiert, die 1899 im US-Staat Wyoming gefunden wurden. Diplodocus carnegii ist 26,60 m lang – länger als ein Tennisplatz.

Wissenschaftler glauben, dass es von 99 % aller Lebensformen, die je existiert haben, keine fossilen Reste gibt. Fossilisation ist etwas Besonderes!

WEGWEISER

- Fossilien findest du am ehesten in Sedimentgestein. Informier dich über dieses Gestein: **S. 20–21**.
- Durch die Bestimmung und Datierung von Fossilien in Gesteinsschichten lässt sich die Geschichte einer Region rekonstruieren. Siehe **S. 46–47**.
- Küstenkliffe enthalten oft Fossilien von Meereslebewesen: **S. 56–57**.

Trilobiten gehören zu den häufigsten Fossilien. Die krebsähnlichen Tiere lebten vor 550 bis 250 Millionen Jahren.

Diese Dinosaurierknochen versteinerten vor Millionen von Jahren. Dies geschah, als die Tiere nach ihrem Tod in Sedimenten versanken. Mineralien aus Lösungen, die in die Knochen sickerten, füllten die Poren aus. Heute schlagen Forscher vorsichtig das umgebende Gestein ab, um die Fossilien zu bergen.

VOM SEIN ZU STEIN

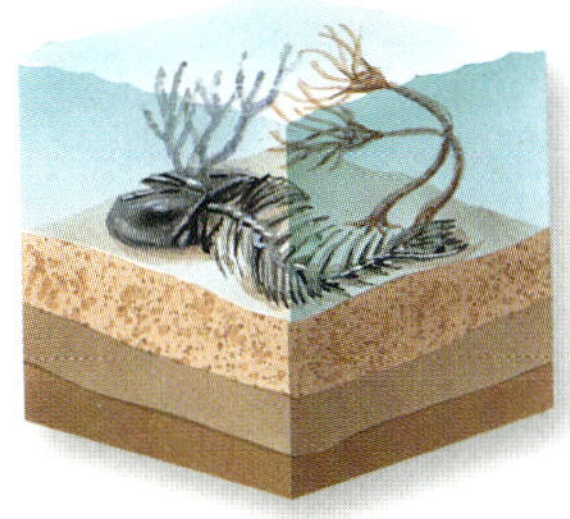

Die Fossilisation beginnt mit dem Tod eines Lebewesens. Die weichen Körperanteile verwesen. Übrig bleiben harte Teile, wie Knochen, Zähne und Schalen.

Nach und nach begraben Sedimente die Überreste. Manchmal dringen mineralhaltige Lösungen in die Knochen ein und ersetzen sie durch Mineralien.

Die Sedimente verfestigen sich und schließen die Überreste fest ein. Wenn sich Sedimentgestein bildet, enthält dieses einen Abdruck der Körperteile.

Plattenbewegungen befördern das Fossil an die Oberfläche. Durch Erosion des Gesteins wird das Fossil freigelegt.

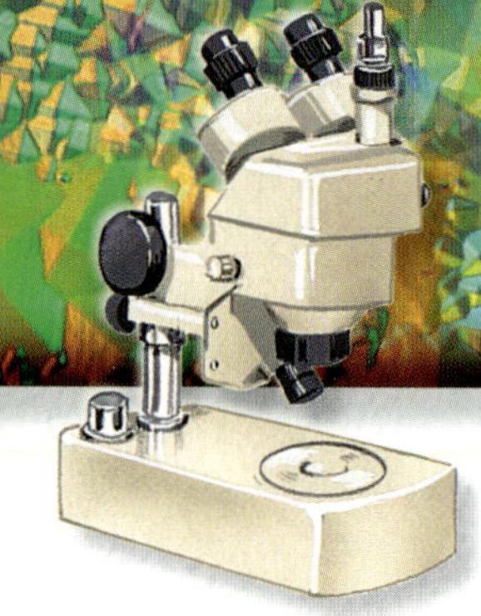

Geologenmikroskop

Labradorit: massiger Habitus

Worterklärungen

Antiklinale Der Sattel einer geologischen Falte.

Asthenosphäre „Weiche" Schicht des oberen Erdmantels, die aus zum Teil flüssigem Gestein besteht.

Atom Das kleinste Teilchen eines Elements, das dessen chemisches Verhalten bestimmt. Alles auf der Erde besteht aus Atomen.

Bakterien Einzellige, mikroskopisch kleine Organismen, die in der Luft, im Wasser, in Pflanzen, Tieren und in der Erdkruste leben.

Bohrkern Mit einem Kernbohrer dem Boden entnommene, säulenförmige Probe. Geologen untersuchen Bohrkerne von Gesteinen, Eis oder dem Boden unter der Oberfläche, die den Aufbau sichtbar machen.

Canyon Eine von einem Fluss geformte, tiefe und steilwandige Schlucht.

Edelstein Ein Mineral, das geschliffen und poliert zu Schmuck verarbeitet werden kann. Dazu zählen auch organische Produkte.

Element Chemische Substanz, die nur eine Art von Atomen enthält.

Erdbeben Plötzliche, heftige Erschütterung in der Erdkruste, die zumeist an den Rändern tektonischer Platten auftritt.

Erdkern Der feste innere und der flüssige äußere Kern der Erde. Beide bestehen aus Eisen und Nickel.

Erdkruste Die äußere Schicht der Erde. Man unterscheidet die kontinentale Kruste, die die großen Landmassen bildet, von der ozeanischen Kruste, die dünner ist und den Meeresboden bildet.

Erdmantel Die Schicht zwischen Erdkruste und äußerem Erdkern. Zu ihr gehören der feste untere Mantel, die „weiche" Asthenosphäre und der feste obere Mantel.

Erosion Die allmähliche Abtragung von Gesteinen durch Wasser, Eis oder Wind.

Erz Gestein oder Mineral, das nutzbare Substanzen enthält, z. B. Metalle.

Falte Wellenförmige Auffaltung von geschichteten Gesteinen; ein typisches Anzeichen für eine Stauchung der Erdkruste durch die Bewegung der Platten.

Fluoreszierendes Mineral Mineral, das unter ultraviolettem Licht leuchtet.

Fossiler Brennstoff Ein unter dem Druck auflagernder Sedimentgesteinsschichten aus pflanzlichen Überresten entstandener Brennstoff. Dazu gehören Kohle, Erdöl und Erdgas.

Fossilien Spuren prähistorischen Lebens, z.B. versteinerte Überreste von Pflanzen und Tieren oder deren Abdrücke im Gestein.

Gediegenes Element Element, das allein existiert und nicht in Verbindung mit einem anderen Element; z.B. Schwefel und Gold.

Geode Kugelförmiges, hohles Gestein mit Anlagerungen aus Chalcedon und größeren Kristallen.

Geologie Die Wissenschaft von der Erde, Fachgebiet der Geologen. Gesteine, Mineralien und Fossilien geben Hinweise auf die Erdgeschichte.

Gestein Eine feste Masse aus Mineralien und/oder Gesteinsfragmenten.

Gletscher Aus angesammeltem Schnee entstandene Eismasse im Hochgebirge, die auch ganze Kontinente bedecken kann. Das Eis bewegt sich langsam talwärts, schrammt am Gestein und transportiert Gesteinsschutt.

Habitus Die Art, wie ein Kristall oder eine Kristallgruppe desselben Minerals gewachsen ist.

Hoodoo Eine von den Kräften der Erosion geformte hohe Felssäule.

Hot-Spot-Vulkan Vulkan, der von einer rasch aufsteigenden Magmablase („Plume") gespeist wird. Kommt in der Regel in der Mitte einer tektonischen Platte vor.

Intrusion Eindringen von Magma in und zwischen Gesteine der Erdkruste.

Kimberlit Magmatisches Gestein der Erdkruste. Enthält häufig Diamanten und andere Mineralien aus der Tiefe der Erde.

Kohle Ein brennbares Sedimentgestein, das unter Druck aus pflanzlichen Überresten entstanden ist.

Konkretion Ein in der Regel rundlicher harter Körper aus Mineralien, vielfach mit einem Fossil im Kern.

Kontaktmetamorphose Die meist durch Hitze bewirkte Umwandlung eines Gesteins in ein anderes.

Kontinent Eine der sieben Landmassen der Erde: Afrika, Antarktis, Asien, Australien, Europa, Nordamerika und Südamerika. Geologen rechnen auch die in die Meere hineinreichenden Schelfe zu den Landmassen.

Konvektionsströme (Mantel) Durch Wärmeübertragung aus dem Erdkern ausgelöste Bewegung innerhalb des Erdmantels. Heißes Gestein dringt nach oben, kaltes wird versenkt. Diese Bewegung ist wahrscheinlich für die Bewegung der Platten auf der Asthenosphäre verantwortlich.

Kristall Korn eines Minerals, oft von regelmäßiger Struktur mit glatten Seiten.

Lava Oberirdisch austretendes Magma.

Lithosphäre Die aus Erdkruste und oberem Mantel bestehende feste Außenschicht der Erde.

Gletscher

Hoodoos

Fluoritkristalle

Tongefäß der Pueblo-Indianer

Edelsteine

Lösung Eine Mischung von mindestens zwei chemischen Substanzen. Flüssig, fest oder gasförmig.

Magma Heißes, flüssiges Gestein oder ein Gemisch aus flüssigen Gesteinen und Kristallen unter der Erdoberfläche. Austretende Magmen nennt man Lava.

Magmatisches Gestein Aus erkaltetem und gehärtetem Magma entstandenes Gestein. Tiefengestein härtet in der Erdkruste aus, Ergussgestein an der Erdoberfläche.

Massig Habitus einiger Mineralien, bei dem viele Körner zu einer Masse verwachsen sind.

Mesa Auch Tafelberg. Hochebene mit steil abfallenden Wänden. Kleinere Mesas können zu Restbergen erodieren.

Metall Eine Reihe glänzender, formbarer und elektrisch leitender Elemente. Viele Metalle kommen als chemische Verbindungen in Mineralien vor.

Metamorphes Gestein Gestein, das infolge von hohen Temperaturen und/oder Druck aus einem anderen Gestein entstanden ist.

Meteor oder Sternschnuppe, Leuchterscheinung am Nachthimmel, verursacht durch einen Gesteinsbrocken, der aus dem Weltraum in die Erdatmosphäre eintritt. Mit dem Einschlag auf der Erde nenn man ihn Meteorit.

Mineral Natürlicher Festkörper mit regelmäßiger Atomstruktur in der Erdkruste, der nicht organischen Ursprungs ist.

Mittelozeanischer Rücken Eine Tiefseegebirgskette an der Spalte zwischen auseinanderdriftenden Platten, die von dort austretenden Magmen gebildet wird.

Molekül Ein Teilchen aus mindestens zwei Atomen, die eine Bindung eingegangen sind.

Periode Eine Zeitspanne der Erdgeschichte. Kürzer als eine Ära.

Phosphoreszierendes Mineral Mineral, das nach der Bestrahlung mit ultraviolettem Licht für kurze Zeit weiterstrahlt.

Plattentektonik Bewegung der Platten der Lithosphäre, die höchstwahrscheinlich durch Konvektionsströme in Gang gehalten wird.

Regionalmetamorphose Weiträumige Umwandlung eines Gesteins in ein anderes. Sie erfolgt unter hohen Temperaturen und Druck, die mit der Kollision von Platten und der Gebirgsbildung einhergeht.

Restberg Einzelner steilwandiger Fels mit ebener Oberfläche, wie er manchmal in Wüsten vorkommt. Kann durch Erosion aus einer Mesa entstanden sein.

Rifttal Ein breites Tal, das durch die Ausdehnung der Erdkruste entsteht.

Sedimente Verwitterte Gesteinsteilchen oder organische Überreste, die von Wasser, Wind oder Eis am Boden von Flüssen und Seen abgelagert werden.

Sedimentgestein In Nähe der Erdoberfläche aus Verwitterungsresten anderer Gesteine, den Resten von Pflanzen bzw. Tieren oder durch chemische Ausfällung entstandenes Gestein.

Seifen Ansammlungen schwerer Mineralien in Fluss- oder Küstensedimenten, die durch fließendes Wasser aus dem Gestein gelöst wurden.

Seismische Wellen Schallwellen, die bei Erdbeben die Erde durchqueren.

Staukuppe Ein Fels aus hartem Ergussgestein, der zurückbleibt, nachdem die Erosion einen Vulkan abgetragen hat.

Strichtest Ein Test, bei dem mit einem Mineral ein Strich über eine unglasierte Kachel gezogen wird. Die Strichfarbe hilft das Mineral zu bestimmen.

Synklinale Die Mulde einer geologischen Falte.

Tektonische Platten Feste Teile der Lithosphäre, die auf der Asthenosphäre treiben und die Kontinente und Ozeane tragen.

Tiefseegraben Ein sehr tiefer, relativ schmaler Graben unter dem Ozean, der entsteht, wenn eine Platte unter einer anderen abtaucht.

Ton Ein feinkörniges Sediment, Ergebnis der chemischen Zersetzung von Gestein. Ton ist in feuchtem Zustand formbar, in trockenem hart und kann zu Porzellan, Keramik, Kacheln und Ziegeln gebrannt werden.

Undurchlässiges Gestein Gestein, das keine Flüssigkeiten durchlässt.

Verbindung Eine aus mehr als einem Element bestehende chemische Substanz. Die meisten Mineralien sind Verbindungen.

Verdunstung Der Übergang einer Flüssigkeit in gasförmigen Zustand.

Versteinerung Der Austausch organischer Materie, wie Knochen oder Holz, durch Mineralien aus umgebenden Lösungen. Er erfolgt Zelle für Zelle.

Verwerfung Auch Bruch. Eine durch Bewegung verursachte Verschiebung innerhalb der Erdkruste.

Verwitterung Der Zerfall von Gesteinen, verursacht durch gefrierendes und tauendes Eis, Chemikalien im Regen oder Pflanzenwurzeln.

Vulkan Öffnung in der Erdkruste, durch die Lava austritt.

Kern, Mantel und Kruste der Erde

Sandstein, Sedimentgestein

Marmor, metamorphes Gestein

Register

Bibliografische Information der Deutschen Nationalbibliothek
Die Deutsche Nationalbibliothek verzeichnet diese Publikation in der Deutschen Nationalbibliografie.
Detaillierte bibliografische Daten sind im Internet über *http://dnb.d-nb.de* abrufbar.

3 2 1 11 10 09

Titel der Originalausgabe: Rocks and Minerals
© 1999 Weldon Owen Pty Limited
Text: Tracy Staedter, Bronwyn Sweeney · Illustrationen: Andrew Beckett, Chris Forsey, Ray Grinaway, David McAllister, Stuart McVicar, Michael Saunders, Kevin Stead, Sharif Tarabay, Thomas Trojer
Übersetzung aus dem Englischen: Alzbeta Lettowsky
Printed in Germany
ISBN 978-3-473-55271-9

www.ravensburger.de

BILDNACHWEIS: (o=oben, u=unten, l=links, r=rechts, m=Mitte, a=außen, K=Klappe, v=vorderer Umschlag, U=Umschlag, R=Rückseite) (APL=Australian Picture Library, BPK=Bildarchiv Preussischer Kulturbesitz, DWSPL=D.W. Stock Photo Library, FLPA=Frank Lane Picture Agency, NGS=National Geographie Society, NMNH=National Museum of Natural History, Washington, NHM=Natural History Museum, NSP=Natural Science Photos,TPL=The Photo Library, Sydney, SPL=Science Photo Library.) **Ad-Libitum** 4or, 7or, 8ol, 8or, 8l, 8ul, 8ur, 9ul, 9ur, 16m, 19m, 20ul, 20ur, 21 ol, 22or, 22ul, 26ur, 27ml, 27mr, 28or, 32/33m, 32ul, 36ol, 36or, 36uc, 37mt, 37mu, 39o, 41 ol, 42u, 47ol, 47or, 52ul, 54or, 63ur, 35m, 50ul, 50ur, 54m, 54ur, 55ol, 56ul (M. Kaniewski). **The Age** 59r (S. O'Dwyer). **American Museum of Natural History** 37ur, 53ur. **APL** 23ol (D&J Heaton), 15u (H.T. Kaiser), 13ol (J. Penisten), 15m (S. Vidier). **Association Curie et Joliet-Curie** 50l. **K. Atkinson** l4o. **Auscape** 58r (J. Ferrero), 20r (F. Gohier), 18or (M & K Krafft), 18/19u (T. Till). **Australian Museum** 53or, 55r (Nature Focus). **BPK** 45m (Margarete Busing). **The Bridgeman Art Library** 37or, 44or. **R. Coenraads** 33ur, 35ol, 35or, 56or. **Corel Professional Photos** 39ur. **DWSPL** 59l (M. Fenech).**The Field Museum, Chicago,** IL 25ur. FLPA 23mr (M. Nimmo). **Gannett Suburban Newspapers** 25otr (S. Bayer). **Icelandic Photo** 16or (Mats Wibe Lund/Sigurg.Jonasson). **Jeff. L. Rottman Photography** 32tl. **Jim Stimson Photography** 22/23m. **The Kobal Collection** I lmt. **Mary Evans Picture Library** l7or, 32l, 49r, 54ul. **The National Gallery Picture Library, London** 36l. **NASA** 46or, 46ul. **NGS** 50o (J. L. Amos). **NHM** 25m, 34ur, 35ur, 60ul. **NMNH** 14ul, 28/29m, 38ul (C. Clark), 36/37m. **North Wind Pictures** 21 or, 57or. **NSP** 30or (O. C. Roura). **TPL** 21r (O. Benn), 60or (S. Fraser), 46ur (G.B. Lewis), 47ur (Dr. K Macdonald), 39u (NASA), 52or (R Hayson), 49c (A. Husmo), 42c (P. Robinson), 10t, 12tr (SPL), 48bl (SPL/C. Caffrey), 11cb (SPL/ Geoscape). **Photo Researchers Inc.** 28l (T. McHugh), 20/21 m (C. Ott), 29ur (G. Retherford). **Planet Earth Pictures** 24or (E. Darack). **G.R „Dick" Roberts** 30l. **Scottish National Portrait Gallery** 23or. J. Scovil 24l, 24ur, 29m, 30mr, 30ur, 31l, 31r, 32o, 33ot, 34l, 38m, 38mr, 39ol, 39ml, 39ul, 60ur. **B. Shelton** 60mr. **Tiffany & Co.** 34or. **Tom Stack & Associates** 17ur. **Tom Till Photography** 19o. **Visuals Unlimited** 44m (J. Greenberg), 57ur (D.Thomas). **Werner Forum Archive** 18ul. **William Mallat Photography** 51ul.

ILLUSTRATIONSNACHWEIS: Susanna Addario 4mr, 5or, 6ur, 12ol, 14ol, 32om, 39r, 40omr, 42or, 44ol,44om, 63or. **Andrew Beckett/illustration** 8/9m, 6or. **Anne Bowman** 41ul, 41ur, o60om, 60or, 61ol. **Chris Forsey** 4ur, 6tmr, 6umr, 10/1lm,o10/11u, 11r, 12/13m, 14/l5m, 14ul, 15r, 16/l7m, 16/17u, 40mr, 40bmr, 41 mr, 46/47m, 46ol, 46om, 46bu, 47ubl, 48/49m, 48ol, 48om, 48or, 48ul, 48ur, 49ul, 49ur, 58/59m, 58ol, 58om, 58or, 58aor, 58ur, 59ul, 59ur, 62tol, 62um, 62ur. **Ray Grinaway** 7ol, 7ml, 7mr, 7ur, 10ul, 18ol, 18ul, 18ur, 19ol, 20ol, 20om, 20or, 22ol, 22om, 22or, 24ol, 24om, 24or, 25ol, 26ol, 26or, 26omr, 26mr, 26bumr, 27ol, 27ul, 28ol, 28om, 28or, 28u, 29or, 29u, 30ol, 30om, 30or, 30ul, 30ur, 31mr, 31ul, 31um, 31ur, 32or, 33r, 34ol, 34om, 36ul, 36ur, 37ul, 37ur, 37m, 38ol, 38om, 38ul, 39or, 39mr, 39r, 39ur, 41or, 45om, 45r, 54ol, 54om, 54or, 55r, 55u, 60ur, 61m, 62om, 62or, 63or, 63um. **Frank Knight** 60ul. **David McAllister** 42ul, 42ur, 43m, 43ul, 43ur. **Stuart McVicar** (digitale Bearbeitung) 13or. **Oliver Rennert** 12otr. **Claudia Saracini** 16om. **Michael Saunders** 14om, 14or, 14u, 16or, 19or, 19mr, 19ur, 20ur, 21ul, 21ur, 22/23u, 24ur, 25ul, 25ur, 27or, 34or, 34u, 35ul, 35ur, 39r, 40or, 41 ml, 42ol, 42om, 42r, 44or, 56/57m, 56tl, 56om, 56or, 56u, 57ul, 57ur, 61r, 62ul, 63om, 63or. **Kevin Stead** 27ur, 38or. **Sharif Tarabay/illustration** 52/53m, 52/53u, 52ol, 52om, 52omr. **S. Trevaskis** 44ul. **Thomas Trojer** 39m, 40ur, 50/51 m, 50ol, 50om, 50or, 51r. **Rod Westblade** 12om. **Ann Winterbotham** 16ol.

UMSCHLAGSFOTOS: mauritius images/Brand X Pictures (oben links), Pixelio (oben rechts), mauritius images/age (Schmuckstein unten)